Q&A

DV被害者サポートブック

DOMESTIC VIOLENCE

【編著】配偶者暴力（DV）問題研究会

ぎょうせい

はじめに

新型コロナ感染症が世界に蔓延しはじめた2020（令和2）年、雇用や生活面で特に女性に深刻な影響を及ぼす懸念が国連事務総長等から示され、緊急の対応が求められました。コロナ禍の影響により生活が不安定になり、あるいは在宅勤務で終日家にいるなどの社会的ストレスの高まりによる配偶者からの暴力（DV）など、女性への暴力に再び社会の関心が寄せられています。

日本では、配偶者からの暴力の防止及び被害者の保護等に関する法律（略称：DV防止法）が制定されてから20年以上が経過しました。DV防止法上の公的相談機関の中心は売春防止法に基づき設置された婦人相談所であり、被害者救済には不十分な面がありました。2022（令和4）年には超党派からなる議員立法として、「困難な問題を抱える女性への支援に関する法律（略称：困難女性支援法）」が成立し、DV被害者をめぐる動きには、今後、大きな変化が感じられます。被害者は更生保護の対象ではなく、被害を受けた当事者を真ん中にして、相談機関は何ができるのか模索することになります。法の施行は2024（令和6）年4月1日です。本書は、改めて女性の人権に焦点を当てて、DV問題を考えました。

当初、DV相談に関わる自治体関係者で研究会を立ち上げ、被害者と向き合う方の基礎資料として、「Q&A DVハンドブック～被害者と向き合う方のために」（DV問題研究会／編著　2004（平成16）年刊ぎょうせい）を作成しました。その後メンバーの一部は変わりましたが、DV被害者支援に関わる中で新たに児童虐待問題研究会を立ち上げ、「Q&A児童虐待防止ハンドブック」「すぐ役に立つ！ 児童相談所のしごとQ&A」を刊行しました。今回、配偶者暴力（DV）問題研究会として、再びDV問題に取り組むものです。

DV被害者の多くは、家族や親族、友人や知人に相談しています。被害者自身がDV被害者であることを認識するとともに周りの人々がDVについて知っておくことも大変重要です。

本書が、被害者自身のDVの理解のために、また広く被害者を支える人々が、DVを理解する上で役立つことを心より願っています。そして日本における人権意識の高まりとともに、DV被害がなくなるよう願っています。

取材にご協力いただいた東京都女性相談センター、婦人保護施設いずみ寮、婦人保護施設慈愛寮の皆様には厚くお礼申し上げます。

また、本研究会結成の動機づけをしてくださった、ぎょうせいの編集者　故小高方展氏には、大変お世話になりました。

なお本書の作成にあたっては、「Q&A DVハンドブック改訂版」(2006（平成18）年刊　ぎょうせい）を参考にしました。専門知識と多くの経験を踏まえて現場で被害者支援に携わり、改訂版の作成メンバーであったDV問題研究会の立澤岫子氏と、米田弘枝氏に心より感謝申し上げます。

2023（令和5）年11月

配偶者暴力（DV）問題研究会
（木川幸子・岸信子・真野由美子・田村初恵）

◆凡　　例◆

本文中では次の法律名と施設名に略称を用いています。

（アイウエオ順）

○　困難女性支援法

⇒　困難な問題を抱える女性への支援に関する法律

○　児童虐待防止法

⇒　児童虐待の防止等に関する法律

○　ストーカー規制法

⇒　ストーカー行為等の規制等に関する法律

○　DV 相談支援センター

⇒　配偶者暴力相談支援センター

○　DV 防止法

⇒　配偶者からの暴力の防止及び被害者の保護等に関する法律

◆目　次◆

第Ⅲ章　被害者は圧倒的に女性が多い

第Ⅳ章　加害者は自覚しているだろうか

第Ⅶ章　援助者の関わり方について

第Ⅷ章　DVに関わる相談支援機関が増えています

■本文中資料

資料編

第Ⅰ章

女性の人権とDV

Q1 今、なぜ、女性に対する暴力を取り上げるのですか。

Ans. 女性に対する暴力をなくすべきだと国際社会が認識し、本格的に取り組むようになったのは、1993（平成5）年、国連で「女性*に対する暴力撤廃宣言」が出された以後のことと言われています。

それ以前も国連での「女子差別撤廃条約」の成立など、女性に対する差別の問題は、大きな課題となっていました。そして、女性の社会参画や自由な発言の抑制の背景には、男性側からの暴力が潜んでいるのではないか、と「女性に対する男性の暴力」がクローズアップされるようになりました。

日本では、この当時、女性に対する暴力、特に、家庭内暴力（DV）については、それが人権侵害であり、犯罪であるとは認識されていませんでした。警察も、暴力を振るわれた妻が助けを求めても「民事不介入」でほとんど対応しませんでした。

諸外国では早くから家庭内暴力排除のための法律や、被害者のための専門機関・施設が設置されましたが、日本の取り組みは活発ではなく、民間の女性が中心になって法律の制定や行政の対応を求めてきました。そして漸く2001（平成13）年、超党派の女性国会議員の努力でDV防止法が制定されました。

また日本を含む世界の国々で、女性だけではなく、男性から女性への暴力をなくそうと、男性が中心になって「ホワイトリボン・キャンペーン活動**」も行われるようにもなっています。

しかし一向に改善は進まず、世界経済フォーラム（WEF）「男女格差（ジェンダー・ギャップ）報告」2023年版によると、日本は調査対象となった146か国中125位となり、諸外国からも注視され、女性の地位向上に向けて、積極的な取り組みを求められています。

また、コロナ禍の影響により、仕事ができなくなったことで収入が減り、生活が不安定になる人が増えました。特に女性の場合、元々非正規雇用で仕事をしている人が多いため、仕事を辞めさせられ、生活困窮状態に陥る人が増えています。さらに、在宅勤務で、終日家族のいる場で仕事をすることにより、それがストレスになっている人もいます。そのように社会的にストレスが高まることにより、女性に対する暴力が増えている、という声もあり、暴力に対する関心が高まっています。

ミニ知識

＊英語のWOMEN（ウイメン）の翻訳は、「婦人、女子、女性のどちらでも不都合ではない（外務省）」としながらも、政府見解は、時代によって変遷してきました。1985（昭和60）年当時は、「婦人」よりも「女子」の方が幅広い層を表現していると考え、それまで使っていた「婦人」を「女子」に改めました。その後、男性の対語としては「女性」を使うのが一般的になってきたとして、国の白書等でも「女性」が使用されるようになりました。短期間に、国際婦人年、女子差別撤廃条約、世界女性会議と、WOMANの翻訳が変遷してきた背景には女性をめぐる長い歴史があります。

＊＊ホワイトリボン・キャンペーン活動：1991（平成3）年カナダで始まった、男性が主体となり女性に対する暴力撲滅に取り組むキャンペーン活動。世界50か国以上に広がる。日本では2012（平成24）年に始まっている。

参考文献：多賀太、伊藤公雄、安藤哲也「男性の非暴力宣言」—ホワイトリボン・キャンペーン—岩波ブックレット2015

資料1　年表（女性や子どもに対する暴力をめぐる動き）

西暦（元号）	世界の動き	国内の動き
1975（昭和50）	国際婦人年　「メキシコ宣言」決議採択	
1976（昭和51）	「国連婦人の10年（1976~1985）」スタート	
1979（昭和54）	「女子差別撤廃条約」国連総会で採択	
1980（昭和55）	「国連婦人の10年中間年世界会議」開催コペンハーゲン	
1985（昭和60）	「国連婦人の10年世界会議開催」ナイロビ	「女子差別撤廃条約」批准。国内法の整備が課題になる。 「男女雇用機会均等法」公布
1986（昭和61）		「男女共同参画2000年プラン」策定
1989（平成元）	「子どもの権利条約」国連総会で採択	
1993（平成5）	「ウィーン世界人権会議」で女性への暴力が焦点になる。 「女性に対する暴力撤廃宣言」国連総会で採択	
1994（平成6）		「子どもの権利条約」批准。国内法の整備が課題になる。
1995（平成7）	「北京第4回世界女性会議」で、重大領域の一つに「女性に対する暴力」を設定	
1996（平成8）		「男女共同参画2000年プラン」に女性に対する暴力根絶を明記
1997（平成9）		「男女共同参画審議会」に「女性に対する暴力部会」設置 「男女雇用機会均等法」改正：事業主に、セクハラ防止のための雇用管理上必要な配慮を義務づけ
1999（平成11）		「男女共同参画社会基本法」公布
2000（平成12）	国連特別総会「女性2000年会議」で、DV撲滅に向けて各国が合意	「ストーカー行為等規制法」公布 「児童虐待防止法」公布
2001（平成13）		「DV防止法（配偶者からの暴力の防止及び被害者の保護に関する法律）」公布
2011（平成23）	「イスタンブール条約（女性に対する暴力と家庭内暴力に反対するための欧州評議会の国際条約）」採択される。	

西暦（元号）	世界の動き	国内の動き
2015（平成27）	国連で「SDGs（持続可能な開発目標）」が採択される。17の目標の一つに「ジェンダー平等の実現」がある。	「女性活躍推進法」公布
2016（平成28）		「児童福祉法」改正により、第1条に「全て児童は、子どもの権利条約の精神にのっとり、児童の権利を有する」を明記
2017（平成29）		「刑法」改正 ・「監護者わいせつ罪及び監護者性交等罪」の新設
2019（令和元）		「女性活躍推進法」改正：女性労働者に関する各種情報公開を義務づけ
2022（令和4）	「イスタンブール条約」は22年時点で、45か国とEUが署名。内37か国が批准	・「ストーカー規制法」改正 ・「DV防止法」改正 ・「困難女性支援法」公布 上記3法施行日は2024（令和6）年4月 ・「アダルトビデオ出演被害防止・救済法」公布 ・「こども基本法」公布：「子どもの権利条約に則り」を明記
2023（令和5）		「性犯罪関係の刑法等」の改正： ・不同意性交等罪・不同意わいせつ罪に改正 ・性交同意年齢の引上げ（13歳を16歳に） ・公訴時効期間の5年延長と18歳未満の被害者の場合は18歳に達する日までの期間を加算

Q2 女性に対する暴力とはどのようなことですか。

Ans.

1993（平成5）年に国連総会で採択された「女性に対する暴力撤廃宣言」では女性に対する暴力について、肉体的、精神的、性的、心理的損害や苦痛を生じさせる性に基づくあらゆる暴力行為を指すと定義しています。また、それまで暴力とは認められにくかった家庭や職場など私的生活で行われる暴力行為も「暴力」である、と暴力の概念を広げています。

具体的には配偶者からの暴力（DV）、性犯罪・性暴力、ストーカー行為、売買春、人身取引、夫婦間における強姦、セクシュアル・ハラスメント、女性に有害な伝統的慣行等を言い、女性の人権を著しく侵害するものです。また、大声での威嚇や暴言、交際や外出を許さないなど社会との接触の制限や、生活費を渡さないなど、加害者が暴力を振るっているという自覚がなく、男性の力を誇示しようと、人格を無視して行われる言動も暴力なのです。

一方、性的暴力の被害者に対して、「隙があった」「被害を誘う行動があった」などと、被害者が社会的に非難されることも多いのです。さらに暴力を受けたことを立証しようとすると、詳しい説明を求められるなどつらい立場に置かれ、二次被害にあうこともあります。

Q3 暴力は個人の問題ではないですか。

Ans. 暴力そのものは、個人の問題と考えられがちですが、暴力の背景には様々な問題が考えられます。特に男性から女性に対する暴力の根底には男性優位を本質とするジェンダー観へのとらわれ、即ち、女性蔑視、男尊女卑の考え方が根底にあって、「男らしさ」を誇示したいために暴力を振るうことが多いと考えられます。

男性は幼いころから「男らしさ」を求められ、「弱音を吐かない」「強くたくましく」「頼りがいのある人に」と教え込まれて育ってきています。女性も「男性は強くなくては」と強さを求め、頼りがいのある役割など優位性を求めてきました。その優位性が脅かされたとき、男性は自分の強さを示すために暴力が使われると考えられます。

1993（平成5）年の国連総会で採択された「女性に対する暴力撤廃宣言」には「女性に対する暴力は、男女間の力関係が歴史的に不平等だったことを明らかにするものである」とされており、また「女性に対する暴力は、女性が男性に比べて従属的な地位に置かされることを余儀なくさせる重大な社会的構造の一つである」とされています。

暴力を振るう直接の原因は、個人的なことかもしれません。しかし、暴力でことを解決しようとする根底には、殴ってもよい、怒鳴ってもよい、行動を規制しても許される、といった歴史的、社会的背景があると考えられます。

Q4　ジェンダーとは何ですか。

Ans.　「社会的・文化的に形成された性別」のことを言います。

人間には生まれついての生物学的性別（セックス／sex）があります。一方、社会通念や慣習の中には、社会によって作り上げられた「男性像」「女性像」があり、このような男性、女性の別を「社会的・文化的に形成された性別」(ジェンダー／gender)と言います[*]。

例えば、「男らしさ」「女らしさ」という場合に、「男は強く、決断力があり、逞しい」「女は優しく、従順で、細やかである」などと特徴づけたりすることです。家事や育児・介護は女性の仕事、家族を養うのは男性の仕事という考え方や、子どもの頃からも色彩の好みや遊び方、服装など、男の子と女の子には違いがあるといった固定観念も存在します。最近では、色彩の好みに性別の境は無くなり、女子の制服はスカートやズボンの選択が自由になってきています。学校では、男女混合名簿への切り替えも進んでいます。このように時代とともにジェンダーは変化していきます。

日本では、昭和の高度経済成長期に「男は外で仕事、女は家庭を守る」という固定的な性別役割分担意識が進みました。年金制度や健康保険制度、所得税の扶養控除など、このような家族形態に沿った形で、各種制度も作られています(**資料2**)。女性が仕事に就いていたとしても、結婚や出産を機に仕事を辞め家庭に入ることが当然と思われている時代には、責任ある仕事を任せられなかったり、補助的な仕事しかできなかったりと男性と同等には処遇されず、男女の賃金格差も生まれています。

＊出典：「第5次男女共同参画基本計画　用語解説」内閣府2020（令和2）年

人生100年時代といわれ、女性の人生と家族の姿が多様化している現在では、女性の経済的自立が社会の重要な課題となってきています。

ジェンダーに基づく偏見や不平等を取り除き、誰もが個人の意思で、平等かつ自由に行動したり発言したりできるという考え方や取り組みを「ジェンダー平等」と言い、注目されてきています。

2015（平成27）年に国連で採択されたSDGs（持続可能な開発目標）の17の目標の一つに、「ジェンダー平等を実現しよう」があります。

資料2　妻（法律婚の場合のみ）の役割分業意識を支える制度の例

項目	創設年	備考
配偶者控除の創設	1961 （昭和36）年	2022（令和4）年4月1日現在 配偶者の年間の合計所得が48万円以下（令和元年分以前は38万円）つまり年収103万円以下は、納税者の所得控除の対象となる。
配偶者特別控除の創設	1986 （昭和61）年	2022（令和4）年4月1日現在 納税者の所得が1,000万円以下の場合で、配偶者の合計所得金額が48万円を超え133万円以下の場合に一定の控除がある。さらに、配偶者に特定口座の所得がある場合等にはその所得は特別控除の対象となるかどうかの判定対象から除外される。
公的年金制度における第3号被保険者制度の創設	1986 （昭和61）年	いわゆる専業主婦は、第3号被保険者として国民年金に加入するが直接の保険料負担はなく、必要な財源はその配偶者が加入している厚生年金から払われる、という制度
社会保険加入要件の見直し		2022（令和4）年10月以降 配偶者の年収が106万円（月額8.8万円）を超えると、その本人に社会保険料が発生する。保険料は労使折半。ただし従業員数が101人以上の事業所の場合。2024年10月以降は従業員51人以上に引き下げられる。
家族手当・扶養手当	創設年不明 労使で決める	近年、配偶者手当ではなく、子ども手当てへシフトするなど見直しが進んでいる。

Q5 我が国のジェンダー平等は、どの程度進んでいますか。

Ans. 男女格差（ジェンダーギャップ）指数（GGI） 日本は、146か国中125位。これは、スイスにある「世界経済フォーラム」が2023（令和5）年6月に公表した順位です。男性に対する女性の割合を示したもので、「経済」「教育」「健康」「政治」の4つの分野のデータをウェイト付けして男女格差（ジェンダーギャップ）指数を算出しています。0が完全不平等、1が完全平等を表しています。

我が国は、2006（平成8）年の公表開始以来過去最低の順位となりました。とくに政治（138位）、経済（123位）分野の順位が低く低迷しています。先進国中最下位、またアジア諸国の中でも韓国や中国、ASEAN諸国より下位となり、改めて我が国におけるジェンダー平等の遅れが明らかとなりました。なお上位国の多くは北欧諸国が占めています。

2023（令和5）年版男女共同参画白書によれば、日本の就業者に占める女性の割合は45%ですが、非正規雇用者が多く、管理職に占める割合は、12.9%と低くなっています。この背景には、依然として「男は仕事、女は家庭」という固定的な性別役割分担意識が根強く残っており、社会制度や政策、賃金構造・働き方、家族制度など様々な分野に組み込まれ、産業構造の変化や家族形態の多様化、就労に対する意識の変化などへの対応が遅れています。

ジェンダー平等とは「男女が等しく権利、資源、機会、責任をもち、あらゆる分野の意思決定に参画すること」（1995（平成7）年　国連第4回世界女性会議　北京）と宣言されています。我が国においてジェンダー平等を実現するためにはなお多くの課題が残されています。

資料3　ジェンダーギャップ指数と要素　2023

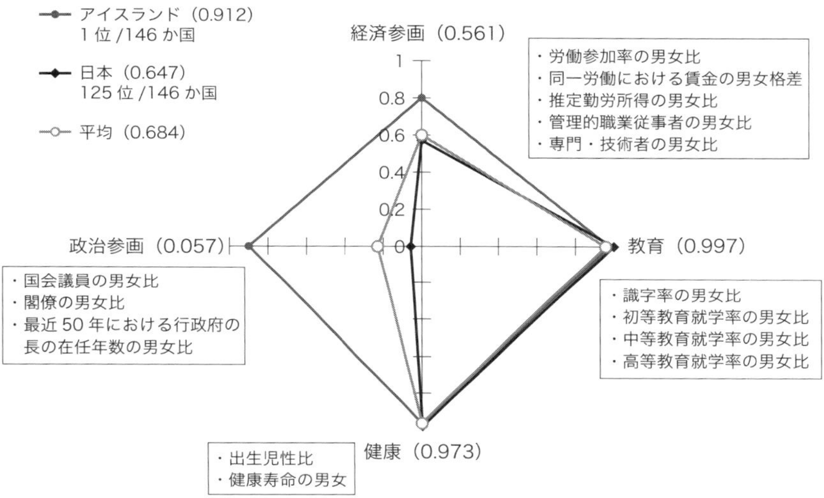

順位	国名	値
1	アイスランド	0.912
2	ノルウェー	0.879
3	フィンランド	0.863
4	ニュージーランド	0.856
5	スウェーデン	0.815
6	ドイツ	0.815
15	英国	0.792
30	カナダ	0.770
40	フランス	0.756
43	アメリカ	0.748

順位	国名	値
79	イタリア	0.705
102	マレーシア	0.682
105	韓国	0.680
107	中国	0.678
124	モルディブ	0.649
125	**日本**	**0.647**
126	ヨルダン	0.646
127	インド	0.643

出典：内閣府男女共同参画局ホームページ

Q6 DVとは何ですか。

Ans. 2001（平成13）年に、DV防止法が我が国で成立してから、20年以上が経過しました。この間に、テレビドラマや児童虐待事件との関連で、DVが語られることが増え、家庭内の暴力の問題は、現象としては周知されてきたと思います。

DVとは、我が国のDV防止法上は、「配偶者間の暴力行為を言い、主に夫が妻を、身体的、精神的、性的、経済的に苦しめる行為で、個人の尊厳を害し、男女平等を妨げる行為」です。当初は、結婚している夫婦（元を含む）間、その後法律婚のみでなく事実婚を含む、さらには生活を共にしているカップル間の暴力を言うとされ、徐々に対象者の範囲は広げられました。

一方で、妻を殴る夫は昔からいたので珍しくもない。むしろ現代では、夫が被害者の場合もあり、妻を被害者として一方的に取り上げるのは不公平だ、という声を聞くこともあります。

しかしDVは、たんに夫が妻を殴るなどの行為をいうのではありません。社会的、歴史的な男女の関係の中で、夫が妻を身体的、精神的、性的、経済的な暴力を加えるなどして支配下に置くことを指し、そのことが女性に対する暴力なのだという、国際的な女性の人権運動の成果に立った考え方なのです。

DVは、家庭内の夫婦関係に係ることから、被害者は恥ずかしいという思いから表沙汰にしたがらず、表面化しにくい犯罪ともなる暴力です。加害者に非があるにもかかわらず、被害者の方が悪者扱いされやすいという特徴があります。こうした特徴を持つ暴力、DVは女性の人権侵害である、と位置づけるまでには、長い時間がかかりました。

「DVを含む家庭内での暴力行為も、女性に対する暴力の一つであり、かつ女性の人権を侵害する行為である」と1993（平成5）年の国連総会での「女性に対する暴力撤廃宣言」で位置づけられ、この宣言に同意した日本を含む各国は、それぞれの国内法での対応が義務づけられました（日本は2001（平成13）年DV防止法成立）。

立法化にとどまらず、その後の新しい認識や事態に対応するため不断の検証を行い、法の見直しが欠かせません。

コラム1

「夫婦別姓」を認めないのは女性差別？

我が国は、1985（昭和60）年に、国連の「女子差別撤廃条約」を批准しました。この条約は女性に対するあらゆる形態の差別撤廃に関する条約で、締約国は、国内法の整備を約束したことになります。

国連の「女子差別撤廃委員会」からは、我が国の民法に、婚姻の際夫婦に同一の姓を義務づけるという差別的な規定が含まれていることについて、これまでに三度、懸念が表明され、現在は廃止が要請されるまでに至っています。日本国政府は、この規定撤廃を約束しています。

法制審議会は、1991（平成3）年1月以来5年間、民法改正について審議し、1996（平成8）年2月選択的夫婦別姓制の導入他を内容とする「民法の一部改正案要綱」を答申しました。しかし、2023（令和5）年4月現在、国会に法案は上程されていません。

このような中、「夫婦別姓を認めない民法及び戸籍法」に関して、違憲訴訟が提訴され、最高裁はこれまでに2回（2015（平成27）年12月及び2021（令和3）年6月）、合憲の判断を出しています。

最高裁の合憲理由は、「夫婦に同一の姓を強制することが、女性に不利益を与えることを否定できないとしても、夫婦別姓制度を採用するかどうかは、国会で論ぜられ、判断すべき事項である。」です。これに対する2021（令和3）年の少数意見は、「正式な手続きを経て、法律案が作成されている。さらに2015（平成27）年、最高裁大法廷で『国会で対応すべき事項』と指摘されたにもかかわらず、国会で議論しないのは国会の不作為である。また、女子差別撤廃条約加盟国中、夫婦が同一の姓を義務づけられているのは我が国のみであり、女性の人権を著しく損なっている。基本的人権を踏みにじっており、違憲である。」となっています。

人が出生時に取得した氏は、個人の重要な人格的利益であり、結婚に際し、約97%が夫の姓を名乗っている現状は、実質的に、女性に姓を強要していることであり、女性への差別そのものです。

Q7 DVが取り上げられたきっかけは何ですか。

Ans.

1993（平成5）年世界人権会議（ウイーン）は、女性への暴力は人権侵害であるとして、公的及び私的な生活における女性に対する暴力の撤廃を提示しました。同年の国連総会において「女性に対する暴力撤廃宣言」が採択され、女性に対する暴力は男女間における不平等の表れであり、女性を男性に対し従属的な地位に強いる社会的機構であると述べられています。

2000（平成12）年国連特別総会「女性2000年会議」では、夫婦間のレイプ及び女性と少女の性的虐待を含め、あらゆる形態の家庭内暴力に対処する法律を制定することが合意されました。

我が国は国際的な動きを受けて、1996（平成8）年「男女共同参画社会基本法」を制定し、併せて策定された「男女共同参画2000年プラン」に女性に対する暴力の根絶を明記しました。

そして、2001（平成13）年にDV防止法を制定しました。しかし、DV相談は法制定後も増加し続け、この状況に対応するため、数次にわたり、改正されてきています。

Q8 DVは増えているのですか。

Ans. 1993（平成5）年に、国連で「女性に対する暴力撤廃宣言」が出されたことから明らかなように、DVは世界中にあります。日本では、DV防止法が制定された2001（平成13）年度から、DV相談支援センターにおいて相談に応じ、被害者への援助を実施しています。

2001（平成13）年度以降の相談件数は、2016（平成28）年度、2017（平成29）年度を除き2020（令和2）年度まで増加し続けました。

新型コロナウイルス感染症の問題が広がった2020（令和2）年度は、DV相談支援センターにおける相談件数は約12万9千件で、前年度の9%の増加となりました。

DVの増加や深刻化が懸念されている状況において、これまでのDV相談支援センターとは別に、2020（令和2）年4月から新たな相談窓口として「DV相談＋（プラス）」が開設され、その相談件数を合わせると約18万2千件となり、前年度の1.5倍にものぼりました。「DV相談＋（プラス）」では、24時間の電話相談対応、WEB面談対応、10の外国語での対応、SNS・メール相談などを行っています。社会環境や意識の変化に伴い、多様なニーズに対応できるよう、相談や支援の方法も工夫をしていく必要があると思われます。2021（令和3）年度は、DV相談支援センターにおける相談件数は約12万2千件、「DV相談＋（プラス）」は約5万4千件、合わせて約17万7千件で、前年度に続き高い相談件数となっています。

一方、内閣府が3年ごとに実施している「男女間における暴力に関する調査」では、DV被害を受けたことがあった人に、被害について、誰かに相談したか質問しています。2002（平成14）年度から2020（令和2) 年度までの7回の調査で、相談しなかったと回答している女性は、毎回約4割います。相談件数が増加し続けている一方で、相談していない多くの女性が存在していることは、さらに多くの被害者がいることを表しています。

コラム2

知っていますか？ —リプロダクティブ・ヘルス／ライツ—

日本語では「性と生殖に関する健康と権利」と訳されています。この概念は、1994（平成6）年にエジプト・カイロで国連が主催した国際人口会議で提唱され、翌年開催された第4回世界女性会議（北京）において、女性の重要な権利の一つとして各国が取り組むべき課題とされました。

リプロダクティブ・ヘルスとは、妊娠や出産などのすべての側面において、単に、疾病、傷害がないというばかりでなく、身体的、精神的、社会的に完全に良好な状態であり、人々が安全で満ち足りた生活を営むことができるなど女性が健康であることです。

また、リプロダクティブ・ライツとは、上記のようなリプロダクティブ・ヘルスを含む自らの性に関する事柄を管理し、それらについて自由に責任ある決定を行うことができる権利です。具体的には、子どもを産むか生まないか、いつ、何人産むか、誰とどんな性生活を送るか自由に決定できる権利です。安全で、経済的にも無理のない家族計画や出生調整の方法などの情報を得て利用できる権利、保健サービスを利用できる権利なども含まれます。

女性がこの権利を行使するためには、誰もが性や生殖について必要な知識を持つことができる性教育の普及や女性に対する差別及び暴力の根絶、男女平等な社会を実現していくことが重要です。

リプロダクティブ・ヘルス/ライツとSDGs

2015（平成27）年に国連で採択されたSDGs（持続可能な開発目標）は、2030（令和12）年までに達成すべき17の目標を掲げています。17の目標の中に「ジェンダー平等を実現しよう」があり、その具体的な目標の一つとして、リプロダクティブ・ヘルス/ライツが明記されています。

Q9 DVと夫婦喧嘩の違いは何ですか。

Ans. DVと夫婦喧嘩は人権の観点から大きな違いがあります。

夫婦といえども、考え方や感じ方など個人として様々な違いがあります。意見の相違などから喧嘩になることもあり、時には暴力と言えるほどの争いになることもあり得ますが、夫婦喧嘩は対等な立場での争いです。

一方DVは、単なる夫婦喧嘩ではなく、相手を自分の思い通りにするために、時には犯罪となるほどのひどい暴力が、一方的に加えられる状況にあります。他人との間であれば、モラル・ハラスメント（モラハラ）やパワー・ハラスメント（パワハラ）とも言える、人権を無視した深刻な暴力行為を指します。男性が女性を支配や差別するという不平等な力関係により、女性が従属的地位に置かれてきた社会構造が背景にあります。

家庭内という密室での暴力行為は、実態が見えにくく、夫婦間の出来事として、他人が介入すべきものではないとして見過ごされてきました。

しかし、世界では、1993（平成5）年に「女性に対する暴力撤廃宣言」が国連総会で採択されており、日本でも「男女共同参画2000年プラン」に、女性に対する暴力根絶を明記しました。各種調査結果を踏まえ、DVは個人の尊厳を害し、男女平等の実現の妨げになっているという認識のもとに、2001（平成13）年4月にDV防止法が制定されました。

コラム3

JKビジネスなど新手の性ビジネス

2011（平成23）年頃から、いわゆるJK（Joshi Koseiの頭文字）ビジネス問題や、アダルトビデオ出演の強要問題が、10代、20代の若い女性を対象に起きています。JKビジネスは、インターネット、SNSの普及を通じて東京、名古屋、大阪の繁華街で目立つようになりました。女子高生を売りにした個室での二人だけのマッサージやお散歩を楽しむなど密着したサービスを売りにした新しい性ビジネスです。店舗がない場合も多く、実態は不明で法規制の抜け道を狙って、形態は次々に変化しているといわれています。家庭や学校に居場所がない子が狙われ、「売春ではなく安全で楽に稼げる」と勧誘される。一方で経営者は女子高生の個人情報を把握し、辞めようとすると、学校や親に知らせると脅す。性的な接客を通じて徐々に抜け出せなくさせるのが特徴で、被害が拡大している傾向があります。保護者や学校は、女子高生がJKビジネスで働いているのをほとんど知らないし、本人は危険性についての認識が低い。自分を守る性教育を受けていないためもあり、予期せぬ妊娠、中絶の問題も起きています。10代から20代の若年層を狙った性的な暴力は、未熟さに付け込んだ許しがたい重大な人権侵害です。

なお、アダルトビデオ出演被害防止・救済法が2022（令和4）年6月に施行されています。

JKビジネスに関する各種トラブルには、警察に相談窓口があります。

国連の「女性への暴力対策に係る対日勧告」の中でも、「JKビジネスに対処すべき」と指摘されています。女性に対する暴力であり、かつ、児童虐待の問題でもあります。

ミニ知識

○性犯罪・性暴力被害者のためのワンストップ支援センター
　＃8891（はやくワンステップ）

Q10 若い女性に広がるデートDVってどんなことですか。

Ans. 男女間の暴力被害は、夫婦間だけで起きていることではありません。未婚の、たんに付き合っている若者間においても、相手方からの暴力被害があります。これをデートDV（Dating Abuseの意訳）といいますが、「デートDV」と名づけられて以降、広く知られるようになりました。DVの予備軍ともいえる状態であり、かつ、望まない妊娠につながる事例もあり、深刻な事態を引き起こしています。これは日本でだけ起きているのではありません。

「全国デートDV実態調査」は、2016（平成28）年に、中高生を含む24歳以下の世代を対象に初めて実施されましたが、これによると、中学生の約4割には交際相手がいます。また、インターネットやSNSの普及により、今まではなかったような束縛を相手に与えることができるようになっています。メールやSNSに対する返信をすぐに行わないと暴れるとか、二人以外の人間関係は許さず、アドレスをすべて削除させる、別れたら死んでやる、避妊に協力しない、セックスを強要するなど細かな束縛を課している実態が明らかにされました。

デートDVは、結婚後のDVの予備軍であり、予防がとても大切です。

参考に、調査項目のリストを次ページの資料4に掲載します。

資料4　デートDV全国実態調査[*]の調査項目

中高生、大学生（12歳～24歳）の男女を対象に初めて行われた全国規模の実態調査の調査項目は次の通りで、「被害項目が3、4個該当する」12～15歳女子は3割を超えており、一番高い。

行動の制限	他の異性と話をしないと約束する
	返信が遅いと怒る
	一日の自分の行動をすべて報告させる
	友人関係を制限する
	スマホや携帯のデータを消す
	服装や髪形を決めつける
精神的暴力	バカ、死ね　など傷つく言葉を言う
	体型や容姿について嫌なことを言う
	別れたら死ぬと言う
	お前のせいだと言う
	理由も言わずに無視をする
	大切にしているものをこわしたり、捨てる
経済的暴力	デートの費用をいつも払わせる
	貸したお金を返さない
	無理やりお金を出させる
	高いプレゼントを買ってほしいと言う
	バイトを辞めさせる、あるいはさせない
	別れるならこれまでのデート代を返せと言う
身体的暴力	つねったり、噛んだりする
	壁に押し付ける
	殴る
	蹴る
	首を絞める
	突き飛ばしたり、引きずる

性的暴力	嫌がっているのに体を触る
	嫌がっているのにキスをする
	嫌がっているのにセックスをする
	避妊に協力しない
	裸や性行為の写真や動画を撮る
	裸や性行為の写真を撮りたい、あるいは送ってほしいと要求する

出典：「デートDV白書Vol.5　全国デートDV実態調査報告書」2017（平成29）年
認定NPO法人エンパワメントかながわ発行

ミニ知識

＊調査の概要

調査実施団体：認定NPO法人エンパワメントかながわ・NPO法人DV防止ながさき・公益社団法人ガールスカウト日本連盟・岩手県BBS連盟・NPO法人Safety First静岡

調査実施地域：1都10県（岩手県・茨城県・埼玉県・東京都・千葉県・神奈川県・群馬県・山梨県・静岡県・長崎県・宮崎県）

調査期間：2016（平成28）年10月～12月

調査対象：デートDVについての予防教育を受講した中学生・高校生・大学生

コラム4

性犯罪関係の刑法等改正のあらまし

刑法（制定1907（明治40）年）等の性犯罪規定は、2023（令和5）年に大きな改正があり、あわせて、電磁的な媒体による性犯罪を処罰する法律も新設され、同年7月13日に施行されました。

これまで我が国は、「性犯罪者に甘い」と言われることがありましたが、被害者に寄り添った次のような改正がなされました。

○　罪名　不同意性交等罪・不同意わいせつ罪に

強制性交等罪と準強制性交等罪を統合し「不同意性交等罪」に、強制わいせつ罪と準強制わいせつ罪を統合し「不同意わいせつ罪」とし、同意がない性行為は犯罪になり得ることを明確化しました。

なお、この罪は配偶者やパートナーの間でも成立します。

・性交等をした場合は不同意性交等罪（5年以上の有期懲役）
・わいせつな行為をした場合、不同意わいせつ罪（6月以上10年以下の懲役）

○　性犯罪の成立要件として次の８つの行為を明示

同意しないという意思表示を困難な状態にさせたり、そのような状態にあることに乗じることを、「同意がない」といいます。

①　暴行又は脅迫
②　心身の障害
③　アルコール又は薬物の影響
④　睡眠その他の意識不明瞭
⑤　同意しない意思を形成、表明又は表明する暇の不存在（例：不意打ち）
⑥　予想と異なる事態との直面に起因する恐怖又は驚愕（例：フリーズ）
⑦　虐待に起因する心理的反応

⑧ 経済的又は社会的関係上の地位に基づく影響力による不利益の憂慮（例：祖父母、上司・部下、教師・生徒などの立場ゆえの影響力によって、不利益が生じることを不安に思うこと）

○ 性交同意年齢の引上げ（13歳以上⇒16歳以上）

性交同意年齢とは、個人が性行為に同意したとみなされる年齢の下限を言います。たとえ相手の同意があったとしてもこの年齢以下への性交は犯罪になります。我が国では、刑法制定以来13歳に固定されてきましたが、今回の改正で16歳以上に引き上げられました。但し、相手が13歳以上16歳未満の場合、処罰の対象は行為者が5歳以上年長の場合です。

○ 公訴時効期間の延長

・性犯罪について、公訴時効が5年延長されました。
・上記に加えて、被害者が18歳未満の場合は、被害者が18歳に達する日までの期間を加算した期間が公訴時効期間となりました。

刑法改正と併せて、「性的姿態等撮影等の処罰法」が制定されています。電磁的な記録媒体を用いた新たな犯罪を5つ新設しました（性的姿態等撮影罪、性的映像記録提供罪、性的映像記録保管罪、性的姿態等映像送信罪、性的姿態等映像記録罪）。

通信媒体、映像媒体等の日進月歩の変化により犯罪形態も一層多様化・複雑化しています。今回の新法成立に留まらず、今後とも、新たな事態に対応する必要があります。

Q11 女性の人権とDV

Ans.　「女性の人権」と改めていうと、人間の権利に男女の違いはないではないか、という方がいるかもしれません。しかし、世界各国には性による差別が多数あり、これを撤廃しようという動きが各国の女性運動を背景に国連の場で形になりました。

・1993（平成5）年、「女性に対する暴力撤廃宣言」が国連総会で採択。
・2000（平成12）年、国連特別総会「女性2000年会議」で、DV撲滅に向けて各国が合意。
・2015（平成27）年、国連サミットでSDGs（よりよい世界を目指して、2030年までに解決すべき国際目標）が採択され、その17の目標の一つに、「ジェンダー平等を実現しよう」が取り上げられています。国レベル、企業レベルのほか個人でも取り組むべき課題です。

我が国では、2001（平成13）年に、DV防止法が制定され、国際社会の動きに対応したかに見えました。

国連総会の合意の内容は、「女性に対する暴力撤廃の一環としてのDV撲滅」でしたが、我が国のDV防止法では、「配偶者からの暴力の被害者は女性が多い」としたうえで、①この暴力を防止し、②被害者を保護するための施策を講じる、としています。しかし、「被害女性がかわいそうだから、助ける」という保護する視点ではなく、女性の権利として「女性に対する暴力は許さない」とDV防止法前文に明記すべきではないでしょうか。

第Ⅱ章

DV防止法について

Q12 DV防止法には何が定められているのですか。

Ans. DV防止法の前文は、配偶者からの暴力が、犯罪となる行為をも含む重大な人権侵害であるにも関わらず、被害者の救済が必ずしも十分に行われてこなかったこと、配偶者からの暴力の被害者は、多くの場合女性であり、経済的自立が困難である女性に対して配偶者が暴力を加えることは、個人の尊厳を害し、男女平等の実現の妨げとなっていることを明記しました。

その上で、配偶者からの暴力を防止し、被害者の保護を図るため、次のような項目が定められています。

1 国及び地方公共団体の責務
2 基本方針及び都道府県基本計画等
3 配偶者暴力相談支援センター等
4 被害者の保護
5 保護命令
6 罰則 など

なお、DV防止法は5次にわたり改正されています。

2023（令和5）年の法改正では、保護命令制度の拡充や保護命令違反の厳罰化、基本方針や都道府県基本計画の記載事項の拡充、配偶者からの暴力の防止及び被害者の保護に関する協議会の法定化などが行われました。一部の規定を除いて、2024（令和6）年4月1日から施行されます。

Q13 「暴力を振るわれた被害者」とは誰を指すのですか。

Ans.

DV防止法上は、配偶者からの暴力を受けた方を被害者といいます。「配偶者」とは、婚姻届を出している場合及び婚姻届は出していないが事実上婚姻関係にある場合の相手（いずれも元を含む）を指しています。

また、婚姻の意思がなくても生活の本拠を共にする交際相手、いわゆる同棲関係の相手（元を含む）からの暴力及びその被害者については、配偶者からの暴力と同様の事情があるので、その被害者を救済するために、2013（平成25）年、議員立法による法改正で、法の適用対象（準用）となりました。

また児童虐待防止法上は、子どもが一緒に住んでいる家庭での配偶者からの暴力（DV）は、子どもに著しい心理的外傷を与え、児童への心理的虐待に該当します。つまり、DVのある家庭の男の子も女の子もDVの被害者です。これまで、「DV被害者の多くは女性」ととらえ、「DV問題は女性問題」ととらえてきましたが、被害者は誰かという視点に立ってみると、実は男女双方の問題なのです。

被害者は、「自分だけ我慢していればいい」では済みません。

DVを防止することは、児童虐待防止につながります。

コラム5

DV防止法のポイント(改正2023(令和5)年)

この法律では、これまで見過ごされてきた配偶者からの暴力の防止と、**被害者の保護(被害者の自立を支援することを含みます。)**を目的に、通報、相談、保護、自立支援等について規定しています。**太字**の部分は2023(令和5)年の法改正によるものです。

⑴ 配偶者からの暴力:「配偶者」には婚姻の届を出していないが事実上婚姻関係と同様の事情にある者を含みます。「暴力」は身体に対する暴力又はこれに準ずる心身に有害な影響を及ぼす言動(「身体に対する暴力等」と総称する。)を指します。また、離婚後に引き続き受ける身体に対する暴力等を含みます。「離婚」には、事実婚の場合の事実上離婚したと同様の事情に入ることも含みます。なお、生活の本拠を共にする交際相手からの暴力の被害者についても、DV防止法を準用し、対応することになっています。

⑵ DV相談支援センター:都道府県が、婦人相談所その他の適切な施設において、DV相談支援センターの機能を果たすこととされています。市区町村もDV相談支援センターの機能を果たすよう求められています。また、**都道府県は単独又は共同して配偶者からの暴力の防止及び被害者の保護を図るため、関係機関、関係団体等により構成される協議会を組織するよう求められています。**

⑶ 通報:配偶者暴力(身体的暴力)を発見した者は、DV相談支援センター又は警察官に通報するよう努めなければなりません。また、医療関係者が、配偶者暴力によって負傷し又は疾病にかかったと認められる者を発見したときも、被害者の意思の尊重に努めながら通報することができます。

⑷ 警察官による被害の防止等:通報等により配偶者からの暴力が行われていると認めるときは、暴力の制止、被害者の保護等に努めなければなりません。警察は、被害を自ら防止するための措置の教示や必要な援助を行うこととなっています。

⑸ 福祉事務所による自立支援:生活保護、その他の法令の定めると

ころにより被害者の自立を支援するために必要な措置をとるよう努めなければなりません。

⑹ 保護命令：接近禁止命令の発令要件に**精神的暴力による危害等が含まれたほか、電話等禁止命令の対象行為に、深夜早朝のSNS等の送信等が追加**されました。

① **接近禁止命令等**：配偶者からの身体に対する暴力又は生命、身体、**自由、名誉若しくは財産**に対し害を加える旨を告知してする脅迫（以下、保護命令において「身体に対する暴力等」という。）を受けた被害者が、配偶者からの更なる身体に対する暴力等により、生命又は**心身**に重大な危害を受けるおそれが大きいときは、被害者は、裁判所に申し立てることができます。裁判所は被害者への接近禁止命令や、**未成年の子への**接近や**電話等の禁止命令**及び親族等への接近の禁止命令を出します。

② **退去等命令**：配偶者からの身体に対する暴力又は生命等に対する脅迫（被害者の生命又は身体に対し害を加える旨を告知してする脅迫）を受けた被害者が、配偶者から更に身体に対する暴力を受けることにより、その生命又は身体に重大な危害を受ける恐れが大きいときは、裁判所は、被害者の申立てにより、被害者とともに生活の本拠としている住居から退去すること及び住居の付近を徘徊してはならないことを命じます。

③ 保護命令違反の厳罰化等

禁止命令期間が6か月から**1年間に延長**されました。1年以下の懲役又は100万円以下の罰金を**2年以下の懲役又は200万円以下の罰金**になりました。

⑺ 基本方針、基本計画の策定等：基本方針（国）、基本計画（都道府県及び市区町村）策定の義務づけ等、警察本部長等の援助などが規定されています。

なお、**国、地方公共団体、民間の団体の連携・協力**が基本方針等の記載事項になりました。

Q14 DV防止法上の暴力とはどのようなものですか。

Ans.　一口に「暴力」といっても様々な形態が存在します。これらの暴力は、単独で起きることもありますが、多くは何種類かの暴力が重なって起こっています。暴力というと、殴る、蹴るといった身体への暴力のみを連想しがちですが、そのほかにも大声で脅す、生活費を渡さない、性的な行為を強要するなども暴力の一つです。

DV防止法では、配偶者からの身体に対する暴力（身体に対する不法な攻撃であって生命又は身体に危害を及ぼすものをいう。）又はこれに準ずる心身に有害な影響を及ぼす言動と規定しています。配偶者からこれらの暴力を受けたのち離婚をし、又はその婚姻が取り消された場合にあって、引き続き受ける暴力も含みます。

具体的には身体的暴行、心理的攻撃、経済的圧迫、性的強要があります。

《様々な暴力の形態》

〈身体的なもの〉

・平手で打つ
・足で蹴る
・身体を傷つける可能性のある物で殴る
・げんこつで殴る
・刃物などの凶器を身体に突きつける
・髪を引っ張る
・首を締める
・腕をねじる

・引きずりまわす
・物を投げつける

〈精神的なもの〉

・大声で怒鳴る
・「誰のおかげで生活できるんだ」「かいしょうなし」などと言う
・実家や友人と付き合うのを制限したり、電話や手紙を細かくチェックしたりする
・何を言っても無視して口をきかない
・人の前でバカにしたり、命令するような口調でものを言ったりする
・大切にしているものをこわしたり、捨てたりする
・生活費を渡さない
・外で働くなと言ったり、仕事を辞めさせたりする
・子どもに危害を加えるといっておどす
・殴るそぶりや、物を投げつけるふりをして、おどかす
＊生活費を渡さない、もしくは仕事を制限するといった行為は、「経済的なもの」と分類する場合もあります。

〈性的なもの〉

・見たくないのにポルノビデオやポルノ雑誌をみせる
・嫌がっているのに性行為を強要する
・中絶を強要する
・避妊に協力しない

出典：内閣府男女共同参画局ホームページ・暴力の形態

ミニ知識

○日本では、1990年代からハラスメントに対する社会の意識が高まりました。今ではセクハラ、パワハラ、モラハラなど様々なハラスメントが一般的に用いられるようになっています。中でもモラル・ハラスメントは、身体的暴力とは違い、言葉や態度で繰り返し相手に精神的苦痛を与え、人格の尊厳を傷つける精神的暴力です。DVにおける精神的暴力は、まさに家庭でのモラル・ハラスメントです。外からは見えにくいため被害に気づかれにくく、深刻になりやすいのが特徴です。

Q15 DV被害者支援の仕組みを教えてください。

Ans. DV被害者支援の第一歩は、DV被害者であることを自覚できるよう支援することから始まります。

配偶者に対する暴力的な行為は昔からあったので、被害者自身、あきらめにも似た思いから、DV被害者の自覚がない場合が少なくありません。「女性に対する暴力は人権侵害なのだ」という自覚が生まれて初めてDV被害者が誕生する、とさえ言えます。DVは、身体に対する暴力という目に見える暴力だけでなく、目に見えづらい精神的な暴力や性的な暴力があります。DV防止法上、DV被害者支援の仕組みは次のようになっています。

・DV相談支援センターが設置されて、都道府県や市区町村の様々な施設が、この機能を果たしています。

　DV相談支援センターで、様々な相談をしていく中で、DVを自覚していく場合も少なくありません。

　相談のほか、被害者の緊急時の安全確保と短期間の保護（一時保護）、保護命令制度の情報提供、短期保護後の住まいとなる施設の利用情報提供などを行います。ただし施設によって、機能の内容は異なります。

・DV被害者の自立を支援するために、DV相談支援センターのほか、福祉事務所、児童相談所、警察などは相互に連携して協力することになっています。しかし、DV特有の支援策はなく、現行の福祉施策を利用できるに留まっています。

　2022（令和4）年5月、困難女性支援法が、超党派の女性議員を中心に取り組まれた議員立法として成立しました。これは新たな女性支援の枠組みを作ろうとするもので、2024（令和6）年4

月1日の施行日までの準備が課題です。

・裁判所は、DV被害者の申立により、配偶者に対して「一定期間、被害者等につきまとってはならない」との保護命令を出せます。ただし、被害者の生命又は身体に危害が加えられることを防止するため、という条件があります。

・配偶者から身体に対して暴力を振るわれている方を発見した人は誰でも、DV相談支援センター又は警察官に通報するよう努めなければなりません。

・通報を受けた警察官は、暴力の制止、被害の発生防止措置をとることに努めなくてはなりません。

・警察は、被害者の申し出により、住民基本台帳閲覧制限や110番通報登録システムへの登録等がなされ、支援します。

・心身にひどい暴力を振るわれた場合、医療にかかることが普通です。医師その他医療関係者（以下、医師等という。）は、配偶者からの暴力によって負傷し又は疾病にかかったと認められる方を発見したときは、DV相談支援センター又は警察官に通報することができます。この場合、被害者の意思を尊重するよう努めます。なお、医師等は「守秘義務」違反には問われません。

Q16 DVの専門相談機関について教えてください。

Ans. 各都道府県には、DV防止法に基づき配偶者からの暴力の防止及び被害者の保護のため、相談、一時保護、カウンセリング、情報提供などの業務を行うDV相談支援センターが設置されています。

市区町村も自らが設置する適切な施設において、DV相談支援センターの機能を果たすよう努めています。

ただし一時保護事業は、都道府県が設置する婦人相談所又は婦人相談所が一定の基準を満たす民間シェルターなどに委託して実施しています。男女共同参画センターが支援センターとなっているところもあります。2023（令和5）年7月3日現在313か所（うち市区町村設置主体：140か所）あります。

この他、警察、市区町村の相談窓口（福祉事務所の婦人相談員や母子支援員等）でも相談を受けています。

配偶者からの暴力に悩んでいることを、どこに相談すればよいかわからないという方のために、全国共通の電話番号（#8008）から相談機関を案内するDV相談ナビサービスがあります。発信地等の情報から最寄りの相談機関の窓口に電話が自動転送され、直接相談することができます。

また、DV相談＋（プラス）もあります。電話相談（24時間対応）に加えて、チャットメールでも相談できます。チャット相談は10言語の外国語にも対応しています。

Q17 DVについての通報制度とはどんなものですか。

Ans. DV防止法上、配偶者から身体に対する暴力を振るわれている方を発見した人は誰でも、DV相談支援センター又は警察官に通報するよう努めなくてはなりません。

通報制度の対象となる暴力は、身体に対する暴力に限られています。

ただし、暴力被害に気づきやすい立場にある医師その他の医療関係者（以下、医師等という。）については、特別な規定があります。医師等には、職務上知りえた秘密を他に漏らすことは禁じられていますが、DV防止法上は、この守秘義務に関わらず、その業務を行うにあたり、配偶者からの暴力によって負傷し又は疾病にかかったと認められる方を発見したときは、DV相談支援センター又は警察官に通報することができます。この場合、被害者の意思を尊重するよう努めます。

また医師等は、配偶者からの暴力によって負傷し又は疾病にかかったと認められる方に対して、DV相談支援センター等の利用についての情報提供に努めなくてはなりません。DV相談支援センターは医師等との積極的な連携が欠かせません。

Q18 裁判所による保護命令の対象となる暴力はどのようなものですか。

Ans. 被害者が更なる身体に対する暴力により、生命又は身体に重大な危害を受けるおそれが大きい場合、被害者は裁判所に保護命令を申し立てることができます。

DV防止法では「配偶者からの暴力」とは「身体に対する不法な攻撃であって生命または身体に有害な影響を及ぼす言動、またはこれに準ずる心身に有害な影響を及ぼす言動」と定められています。しかし、現行の法律では、保護命令は「配偶者からの身体に対する暴力を受けたもの、又は生命等に対する脅迫を受けたものに限る」とされています。したがって、言葉による暴力、強引に性的関係を迫るなどの性的な暴力、行動を規制する社会的規制や、生活費を渡さないなどの経済的圧迫はDVと認識された場合でも保護命令の対象とはなりません。

保護命令の処理状況の推移をグラフで見ると、DVの相談件数は増えているにもかかわらず､保護命令の処理件数は減少傾向にあります。相談の内訳は精神的DVが圧倒的に多いにもかかわらず、保護命令の対象が、生命に対する脅迫を含む身体的DVに限られているため、その他のDVを受けている人は申立ができないという事情が考えられます。

2023（令和5）年の法改正で、保護命令のうち、接近禁止命令等の申立のできる被害者は、上記に加えて、「自由・名誉又は財産に対する加害の告知による脅迫を受けた者」が追加されることになりました。そして接近禁止命令の発令要件は「更なる身体に対する暴力又は生命・身体・自由に対する脅迫により心身に重大な危害を受けるおそれが大きい時」に拡大されます（2024（令和6）年4月1日施行）。

法改正により、今後、保護命令の申立件数の変化が考えられます。

配偶者暴力等に関する保護命令事件の処理状況等の推移

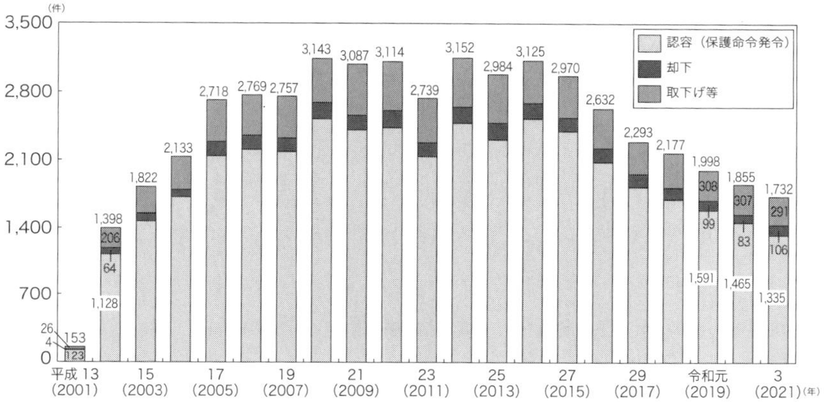

出典：「男女共同参画白書　令和４年版」内閣府男女共同参画局

Q19 裁判所の出す保護命令（2024（令和6）年3月末まで）とはどんなものですか。

Ans. 申立にはDV相談支援センターの職員又は警察職員に相談、援助、又は保護を求めたことを記載すること、また相談していなければ公証人の認証を受けた書面を、申立書に添付することが必要です。

申立に基づいて、裁判所（地方裁判所）が配偶者に対して保護命令を出します。

保護命令には、一定期間、被害者や子ども、親族等の身辺につきまとい、住居、勤務先等を徘徊することの禁止と、被害者と共に生活の本拠としている住居からの退去及び付近を徘徊することの禁止があります。

具体的には、①被害者への接近禁止命令、②被害者への電話等禁止命令*、③被害者の同居の子への接近禁止命令、④被害者の親族への接近禁止命令、 ⑤被害者と共に生活の本拠としている住居からの退去命令の5種類があります。

保護命令に違反すると、1年以下の懲役又は100万円以下の罰金が科せられます。

なお、申立のできる被害者とは、「配偶者からの身体に対する暴力又は生命等に対する脅迫を受けた者に限る」とされています。

ミニ知識

＊被害者への電話等禁止命令

被害者に対し、以下に掲げるいずれの行為も禁止する命令

① 面会を要求すること。

② その行動を監視していると思わせるような事項を告げ、又はその知り得る状態に置くこと。

③　著しく粗野又は乱暴な言動をすること。
④　電話をかけて何も告げず、又は緊急やむを得ない場合を除き、連続して、電話をかけ、ファクシミリ装置を用いて送信し、若しくは電子メールを送信すること。
⑤　緊急やむを得ない場合を除き、午後10時から午前6時までの間に、電話をかけ、ファクシミリ装置を用いて送信し、又は電子メールを送信すること。
⑥　汚物、動物の死体その他の著しく不快又は嫌悪の情を催させるようなものを送付し、又はその知り得る状態に置くこと。
⑦　その名誉を害する事項を告げ、又はその知り得る状態に置くこと。
⑧　その性的羞恥心を害する事項を告げ、若しくはその知り得る状態に置き、又はその性的羞恥心を害する文書、図画その他のものを送付し、若しくはその知り得る状態に置くこと。

Q20 裁判所の出す保護命令（2024（令和6）年4月から）とはどんなものですか。

Ans. 2024（令和6）年4月1日以後、改正法施行により、以下のように保護命令制度の拡充・保護命令違反の厳罰化が図られます。**太字**は、追加事項です。

○ 保護命令は**接近禁止命令等と、退去等命令に分けられます**。

○ 接近禁止命令等の申立をすることができる被害者は、「配偶者からの身体に対する暴力又は生命等に対する脅迫を受けた者」に加えて「**自由、名誉又は財産に対する加害の告知による脅迫を受けた者」が追加**されます。

○ 接近禁止命令の発令要件は「更なる身体に対する暴力又は生命・身体・自由等に対する脅迫により**心身に重大な危害を受けるおそれが大きいとき」に拡大**されます。

○ 接近禁止命令等に、被害者と同居する未成年の子への接近禁止命令の要件を満たす場合、**子への電話等禁止命令が追加**されます。

○ 電話等禁止命令の対象行為に、**緊急時以外の連続した文書の送付、SNS等の送信、緊急時以外の深夜早朝（午後10時～午前6時）のSNS等の送信、性的羞恥心を害する電磁的記録の送信、位置情報の無承諾取得が追加**されます。

○ 接近禁止命令等の期間は、現行の6か月間を**1年間に伸長**します。

○ 退去等命令の期間は、現行の2か月間を、住居の所有者又は賃借人が被害者のみである場合には、申立により**6か月とする特例が新設**されます。

○ 保護命令違反には、現行1年以下の懲役又は100万円以下の罰金から**2年以下の懲役又は200万円以下の罰金**となります。

Q21 DV防止法に、加害者を罰する規定はありますか。

Ans.

DV防止法上の保護命令に違反した者には保護命令違反として刑罰が科されます。なお、記載すべき事項について虚偽の記載のある申立書により保護命令の申立をした者は、刑罰ではなく行政上の過料に処せられます。しかし、DV行為を直接処罰する規定はありません。すなわちストーカー規制法に定める「ストーカー行為をした者」への罰則規定のように、DV行為そのものを犯罪とした規定は存在しません。

その行為が刑法上の殺人罪や傷害罪、暴行罪、脅迫罪、強制性交罪等に該当する場合には一般的な刑法犯として処罰され、特に悪質な暴力行為の場合は、暴力行為等処罰に関する法律違反として処罰されることになります。さらに「つきまとい等」を繰り返し行う「ストーカー行為」については、配偶者（元を含む）間といえども、ストーカー規制法に基づく、警告、禁止命令、処罰の対象となります。

DV防止法上、直接DVを罰する規定がないことは、DVの犯罪性や加害者の法的責任をあいまいにすることになり、結果的に、加害者の行為を抑止できず、DV防止を妨げる要因となっている、ともいわれています。

Q22 警察は民事不介入なのではないですか。

Ans. 「警察は民事不介入」と言われたのは20年以上前までのことです。

2001（平成13）年に制定されたDV防止法には、「配偶者からの暴力が行われていると認めるときは、警察官は、暴力の制止、被害者の保護その他被害の発生の防止の為必要な措置を講じるよう努めなければならない。」と、はじめて、警察官によるDV被害の防止が盛り込まれました。

つまり、夫婦間の暴力沙汰であっても公権力が間に入ることを明文化しました。この条文には、「暴力を振るっている配偶者を加害者」と指す言葉はありません。見方を変えれば、夫婦関係を特別視せずに、一般の犯罪同様に考えています。したがって、DV特有の犯罪防止策がとられることも少ないことになります。

またその後の法改正で、警察へ援助を求めた場合は、住民基本台帳閲覧制限や、110番通報登録システムへの登録等がなされ、支援されることになりました。

配偶者からの暴力事案の検挙件数

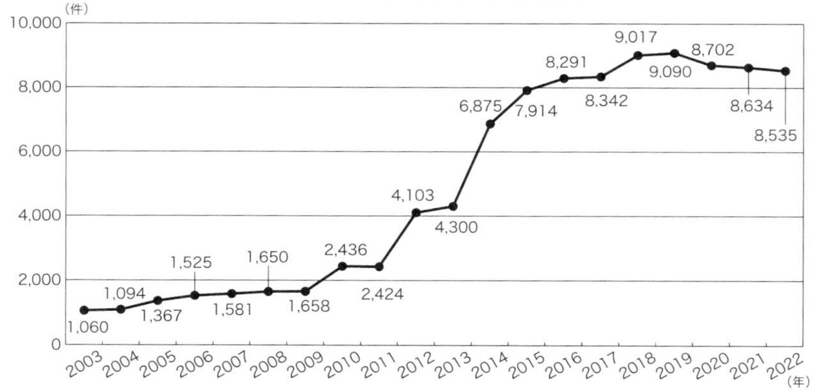

出典：警察庁ホームページ

Q23 なぜ、DV関連の刑法犯が増えたのですか。

Ans. DV防止法では、警察官による被害の防止と警察の援助について明記されました。これまで民事不介入とされていた家庭内の暴力についても、警察は対応することが求められています。

そのことから、警察への配偶者からの暴力事案等の相談等は、DV防止法の施行以降増加し続けています。また、統計を取り始めた2003（平成15）年以降、配偶者からの暴力事案等に関連する刑法犯・他の特別法犯の検挙状況も2019（令和元）年まで増加し続けました。特に、2013（平成25）年以降は急激に増加しています。なお前年にDV防止法の適用対象を拡大する第3次改正があり、生活の本拠を共にする交際相手からの暴力及びその被害者について、この法律の規定を準用することとされています。ただしコロナ禍にある2020（令和2）年から2022（令和4）年は減少しています。

2022（令和4）年の刑法犯等の検挙の内訳をみると、8,535件中、5,096件（60.6%）が暴行、2,518件（29.1%）が傷害の罪です。刑法犯等の検挙とは別に、保護命令違反の検挙は46件です。

配偶者からの暴力事案等の検挙件数罪種別内訳（2022（令和4）年

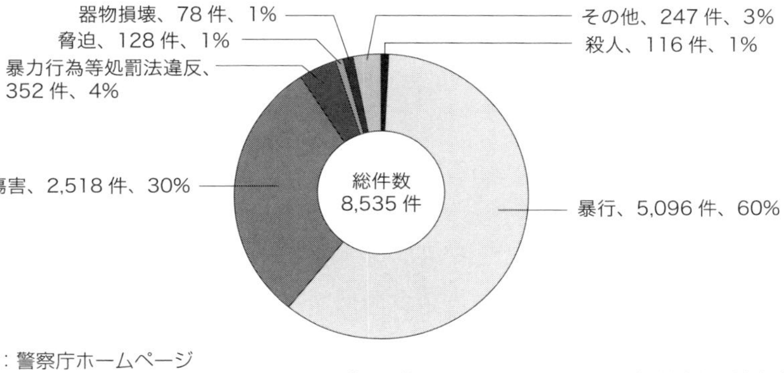

出典：警察庁ホームページ

注：「その他」の中には、ストーカー規制法違反等を含む

Q24 DV対策の今後の課題は何ですか。

Ans.

内閣府 男女共同参画会議「女性に対する暴力に関する専門調査会」は、2021（令和3）年に、報告書「DV対策の今後の在り方」をまとめ、DV対策の現状と課題について整理し、次のような課題を指摘しています。

1　通報の対象となる暴力の形態と保護命令の対象となる暴力の範囲について

保護命令の対象となる暴力の範囲については、2023（令和5）年法改正により精神的暴力にも拡充された。

2　通報や保護命令の在り方について

・保護命令について、接近禁止命令と退去命令のみでは選択肢が少なすぎて活用しにくくなっているのではないか。

・保護命令発令までの間、緊急的に暫定的に効力を有する命令の発令についても検討が求められる。

3　加害者更生のための指導及び支援の在り方

・政府においては、加害者の脱暴力への更生指導について、まずは現行法の枠内でできることに取り組むべきである。

・加害者をプログラムに通わせることによって関与し続け、脱暴力化を促すとともに、地域においてコントロールすることは意義がある。

4　DV対応と児童虐待対応の連携

・DV相談支援センターと児童相談所のどちらが先に関与することになったとしても同じ支援が受けられるよう、DV対応と児童虐待対応の関係部署・機関の合同研修・相互研修を行う必要がある。

5　被害者保護・自立支援や民間シェルターとの連携

・中長期的支援には、市町村の取り組み強化が重要であり、市町村のDV相談支援センターの設置を促進する必要がある。

・民間支援団体を地域における支援の中に位置づけ、財政的支援ができる枠組みを考えていく必要がある。

6　逃げられない/逃げないDV対応について

・逃げられないDV

　逃げる・逃げないを被害者に選択させる前に、まず精神的サポートを充実させ、本人が自分のために意思決定できるような流れを作っていくことが必要である。

・逃げないDV

　被害者が逃げることを前提とする支援は就業継続を困難にし、支援そのものへのアクセスをためらわせる原因になり得る。現行制度に留まらず、被害者が逃げることなく安全を確保できる制度を組み入れていく必要がある。

7　予防教育

DVの加害者、被害者、傍観者にならないための教育が肝要である。

8　その他

・これまでは、被害者に気づきを促し、相談を呼びかける広報・啓発が主であったが、今後は、第三者がDVを見過ごさないよう呼びかけることも重要である。

・被害者支援を行っていく上では、DV対応担当部署のみならず、他施策をより専門的に行っている部署との連携も必要である。

・支援員の次世代育成を進め、世代交代を図りながら、支援の質を上げていくためには、賃金をはじめとする待遇改善等の検討も必要である。

コラム6

女性支援のための新たな法律ができました。

2022（令和4）年5月、「困難な問題を抱える女性への支援に関する法律」が超党派の女性議員による議員立法として成立しました。

この法律は、DVのみならず女性支援全般を売春防止法から切り離し、行政や民間が一体となって女性の自立を包括的に支援する新たな制度を創るものです。長年にわたり、婦人保護事業の関係者や民間の女性支援団体などが取り組んできた活動や要望が法となって実現したものです。

婦人保護事業から女性支援新法による支援へ

従来、女性に対する施策は売春防止法（1956（昭和31）年）に基づく婦人保護事業として「性交又は環境に照らして売春を行うおそれのある女子」（要保護女子）の「保護更生」を図る事業として始まり、法制定以来一度も抜本的な見直しがなされませんでした。

一方、女性をめぐる課題は、多様化・複雑化し、DVやストーカー行為、性暴力・性犯罪、人身取引、家庭関係破綻、困窮などの問題を抱えた女性についても婦人保護事業の対象として運用されてきました。しかし、売春防止法に法的根拠があることから制度的限界が指摘されていました。さらにコロナ禍の中、家庭等に居場所のない若年女性たちの存在が顕在化し、こうした様々な支援を必要とする女性たちに対応するために、新たな女性支援の枠組みを定めた法が制定されることになりました。

コラム7

困難女性支援法の概要

この法は、女性が生活するうえで、女性であることにより様々な困難に直面することが多いことから、困難な問題を抱える女性*のための施策を推進し、女性の人権が尊重され、安心して自立した生活ができる社会の実現を目的としています。

また女性の意思を尊重し、最適な支援が受けられるよう行政・民間団体の連携・協同による包括的な支援体制を整備し、切れ目のない多様な支援の実施、人権の擁護、男女平等の実現に資することを基本理念としています。

そのための国・地方公共団体の責務や民間団体との協同による訪問・巡回、居場所の提供、同行などの支援、人材の確保・育成、民間団体への援助等についても定められました。

なお、これまで、売春防止法に基づく組織であった婦人相談所、婦人相談員、婦人保護施設は、新法における女性支援を担う組織として、それぞれ女性相談支援センター、女性相談支援員、女性自立支援施設と名称変更されることになりました。

◆法施行日　2024（令和6）年4月1日

ミニ知識

＊困難な問題を抱える女性（そのおそれのある女性を含む）とは

性的な被害、家庭の状況、地域社会との関係性その他により生活又は社会生活を円滑に営む上で困難な問題を抱える女性

第Ⅲ章

被害者は圧倒的に女性が多い

Q25 相談件数の推移はどのようになっていますか。

Ans. 新型コロナウイルスがまん延した2020（令和２）年度は、DV相談支援センターにおける相談件数と「DV相談＋（プラス）」での相談件数を含め、約18万2千件と前年度に比べ約1.5倍に急増し、過去最高となりました。2021（令和3）年度は約17万7千件、2022（令和4）年度は約17万件と引き続き高水準で推移しています。

DV相談支援センターにおける相談件数は、グラフの通り2016（平成28）年度、2017（平成29）年度を除き、統計を取り始めた2002（平成14）年度は35,943件、2020（令和２）年度は129,491件と約3.6倍となり、増加し続けました。ただし、2021（令和3）年度、2022（令和4）年度は減少しました。DV相談支援センターでの相談者の性別は、2002（平成14）年度は女35,797件（100%）、男146件（0%）、2021（令和3）年度は女119,331件（97%）、男3,147件（3%）と、長年変わらず、相談者のほとんどは女性です。

2020（令和2）年4月に開設した「DV相談＋（プラス）」での相談件数は、2020（令和2）年度約5万3千件、2021（令和3）年度約5万4千件、2022（令和4）年度は約4万8千件の相談が寄せられています。相談手段の割合を比較すると電話相談が最も多く利用されていますが、メールやオンライン・チャット（SNS）相談が徐々に伸びてきています。2020（令和2）年度の「DV相談＋（プラス）」での相談者の性別は、相談票が作成されたもの36,472件の性別は、女32,408件（89%）、男3,779件（10%）となっています。

また、ストーカー規制法やDV防止法において、警察本部長等の援助などの規定があり、警察にも多くの相談が寄せられています。配偶者からの身体に対する暴力又は生命等に対する脅迫を受けた被害者の相談等の受理件数は、2003（平成15）年12,568件であったものが、毎年増加し続け、2022（令和4）年は84,496件とDV防止法施行後、最多になりました。2022（令和4）年のストーカー事案の相談件数は19,131件で、被害者と加害者の関係は、交際相手が最も多く全体の37.2%ですが、配偶者も7%を占めています。

DV相談支援センター等における相談件数の推移

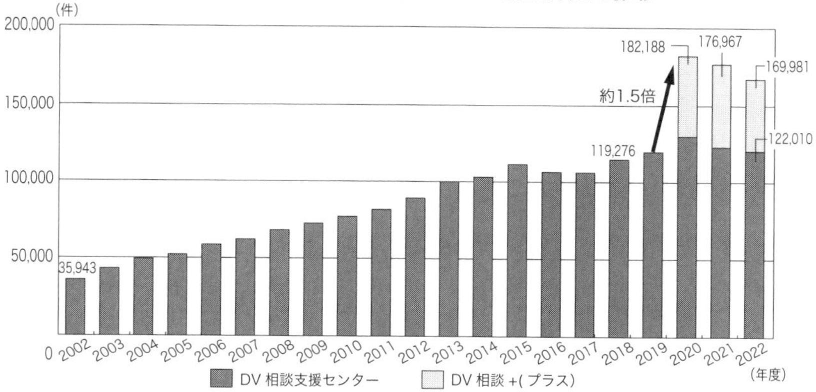

出典：内閣府男女共同参画局ホームページを元に加工

配偶者からの暴力事案等の相談等件数の推移
（警察への相談件数）

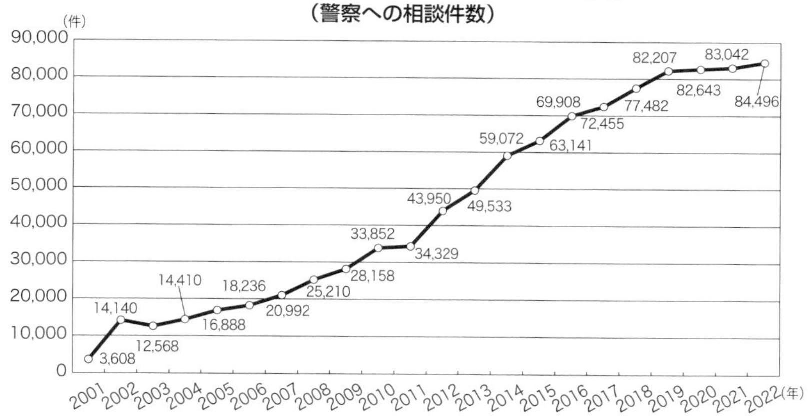

出典：警察庁ホームページ

注：①配偶者からの身体に対する暴力又は生命等に対する脅迫を受けた被害者の相談等受理件数
②2001（平成13）年は、DV防止法施行日（10月13日）以降の件数
③法改正を受け、2004（平成16）年12月2日施行以降、離婚後に引き続き暴力を受けた事案について、2008（平成20）年1月11日以降、生命等に対する脅迫を受けた事案について、また、2014（平成26）年1月3日以降、生活の本拠を共にする交際（婚姻関係における共同生活に類する共同生活を営んでいないものを除く）をする関係にある相手からの暴力事案等についても計上

Q26 施設別相談件数はどのようになっていますか。

Ans. DV相談支援センターとして相談を受けた施設の種類別相談件数は円グラフの通りです。

2004（平成16）年度と2021（令和3）年度と比較してみると、婦人相談所は34,821件（71%）から34,683件（28%）と件数や全体に占める割合は減少しています。

その理由は、2004（平成16）年度と2007（平成19）年度の法改正で、DV相談支援センターの役割を果たす施設が、都道府県に加えて、市区町村も実施するようになり、相談施設の種類や数が増え、相談件数が増加しているからです。

福祉事務所は2,868件（6%）から20,148件（17%、保健所を含む）、女性センター等は10,264件（21%）から39,037件（32%）と件数、割合ともに増加し、児童相談所も1,209件（2%）から2,471件（2%）、その他の施設も167件（0%）から26,139件（21%）に増加しています。

なお、婦人相談所での相談件数が最も多かったのは、2015（平成27）年度の45,721件です。

DV相談支援センターにおける施設別相談件数

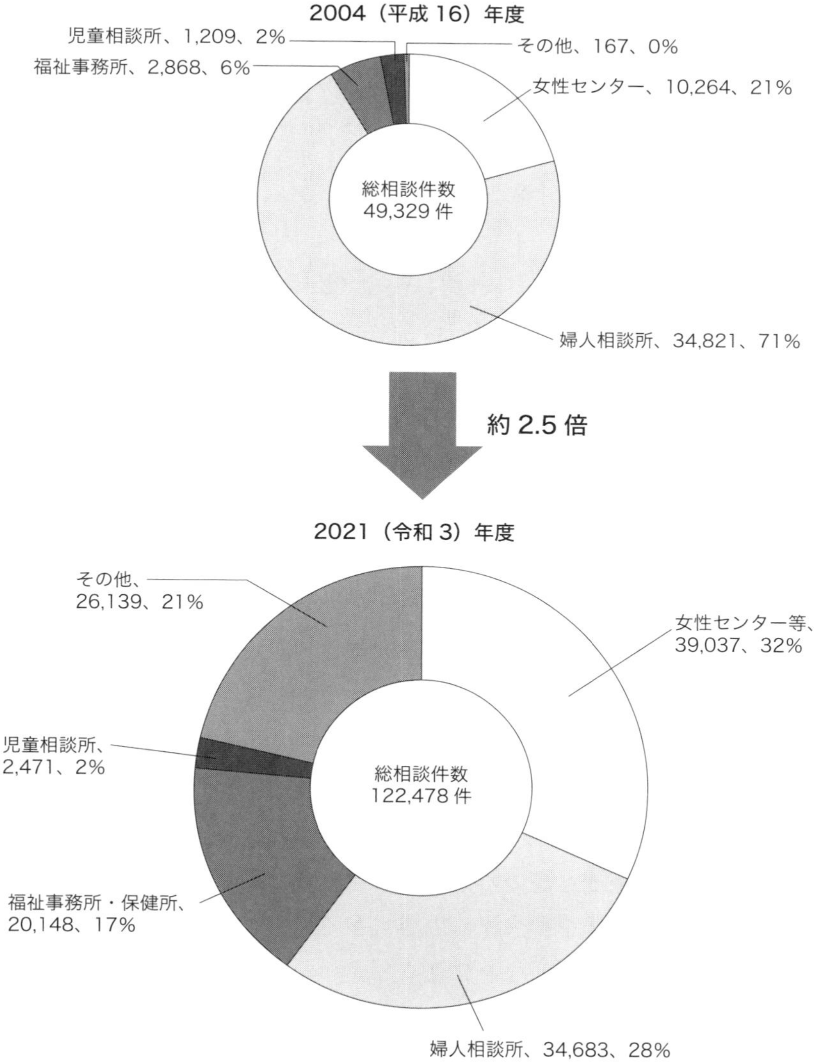

出典：内閣府男女共同参画局ホームページ

Q27 主な相談内容はどのようなことですか。

Ans.

「DV相談＋（プラス）」の調査によると、相談テーマのうちDVに関する相談は複数回答で、次のようになっています（右図参照）。

「身体的DV」は28.0%、「精神的DV」は62.6%、「性的DV」は6.4%、「経済的DV」は16.8%、「社会的DV」は5.9%です。人付き合いを制限する、手紙、メール、スマホ履歴をチェックする、実家や友人との付き合いを制限するなどを「社会的DV」と分類しています。

相談内容で最も多かったのは「精神的DV」で総数の62.6%を占めています。次いで「こころのこと」29.5%、「身体的DV」28.0%、「家族のこと」23.9%、「離婚のこと」21.1%となっています。相談テーマの重複状況をみると、「精神的DV」がその中核にあることがうかがえる、この傾向は前年度前期と概ね同様との記述があります。

相談事例から、ほとんどの相談内容で複数のDV類型が重複していること、暴力の形態は、精神的DVが最も多く、さらに身体的暴力や経済的暴力を合わせた複合的なものが多いこと、30代・40代女性からの相談では、子どもがいる前での暴言や身体的暴力などがあり、子どもへの心理的影響を懸念する内容も多く見られ、複合的な暴力が繰り返されることにより、徐々に孤立し、相談する相手もいなくなっていく、と分析しています。

「DV相談＋（プラス）」の相談内容
2021（令和3）年度前期（複数回答）

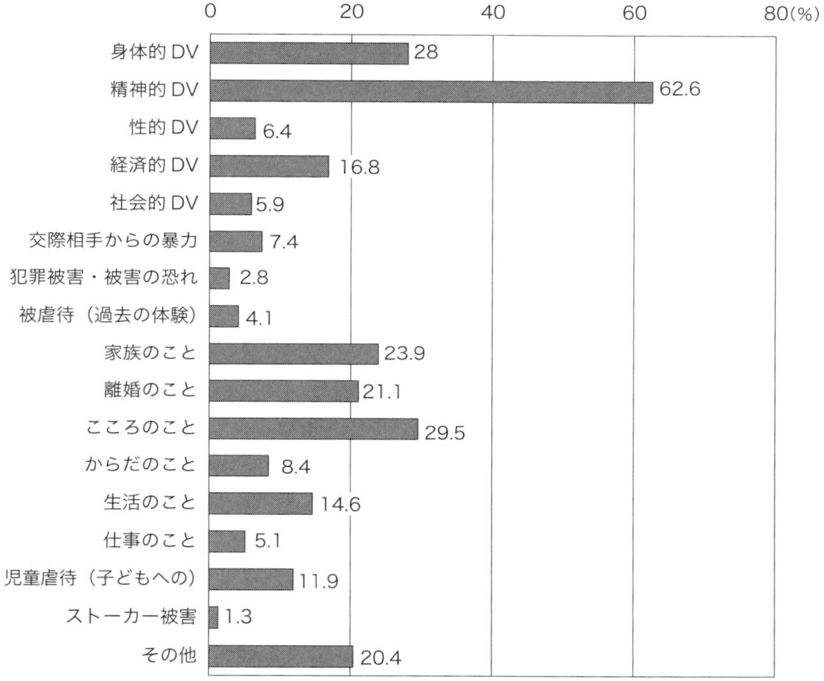

出典：2021（令和3）年度前期「DV相談＋（プラス）事業における相談支援の分析に係る調査研究事業」報告書　内閣府

Q28 相談者の年代は どのようになっていますか。

Ans.

「DV相談+（プラス）」の調査によると、右図のとおり30代からの相談がもっとも多く28.2%、次いで40代が26.4%、50代が20.6%、20代が14.3%となっており、30代から40代で全体の約5割を占めており、2020（令和2）年度前期との比較では、30代の相談者が増加しています。

また、年代別の相談手段としては、10～30代でオンライン相談（オンライン・チャット（SNS）+メール）の比率が5割を超えている点が特徴で、前年度前期よりすべての年代でオンライン相談比率が増加しています。なかでも10代の伸びが著しいです（オンライン比率：33.1%→56.8%）。

これらのことから、相談機関では電話相談の充実とともに、通信手段の多様化にあわせ、特に若い世代が相談しやすい方法も充実していく必要があります。

「ＤＶ相談＋（プラス）」における相談者の年代別内訳

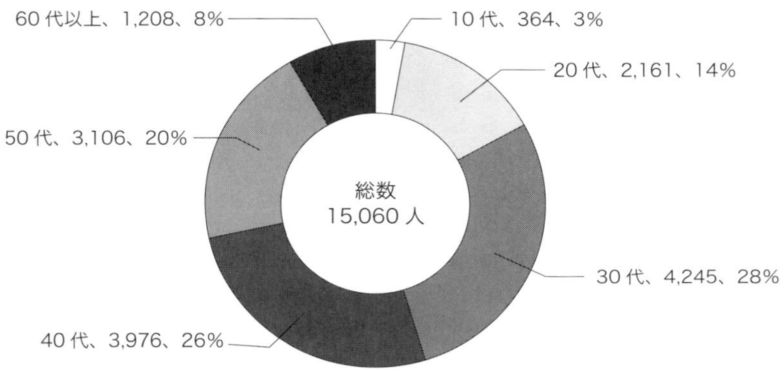

「DV相談＋（プラス）」における年代別相談手段の割合

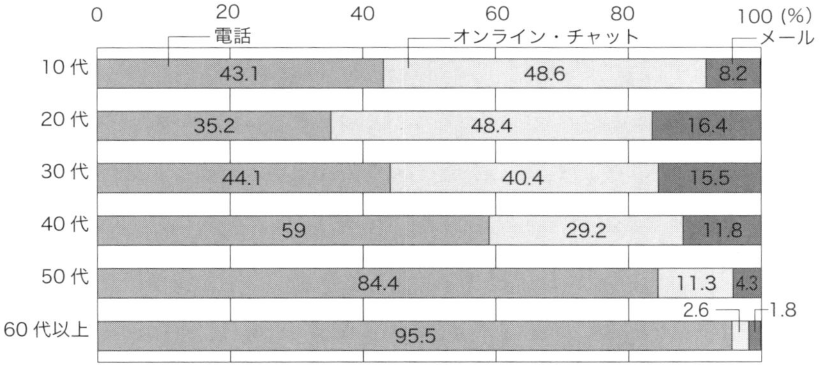

出典：令和３年度前期『DV相談＋（プラス）』事業における相談支援の分析に係る調査研究事業」
報告書　内閣府

Q29 DV被害を受けたことを誰かに相談していますか。

Ans. 2020（令和2）年度の「男女間における暴力に関する調査」*によると、これまでに結婚したことのある人のうち配偶者から身体的暴行、心理的攻撃、経済的圧迫、性的強要のいずれかについて、被害を受けたことがあった人に、被害について、誰かに打ち明けたり、相談したかを聞いています。

ここでの「配偶者」には、事実婚や別居中の夫婦、元配偶者（離別・死別した相手、事実婚を解消した相手）も含みます。

「相談した」は、女性は53.7%、男性は31.5%です。配偶者からの被害の相談先は、女性は「家族や親戚に相談した」が31.1%と最も多く、次いで「友人・知人に相談した」が28.9%、合わせて6割に上ります。男性は「友人・知人に相談した」が17.8%で最も多くなっています。

逆に、無回答を除いて、女性の約4割、男性の約6割はどこにも、誰にも相談していません。過去の調査に於いても2017（平成29）年度を除き、女性の4割以上がどこにも相談していません。

相談機関である「DV相談＋（プラス）」の分析結果では、女性の3分の1がオンライン・チャット（SNS）により相談していると報告されています。今後、相談手段を電話以外のものにも広げて行く必要があるのではないでしょうか。

ミニ知識

＊内閣府は、男女間を取り巻く環境の変化に応じた被害傾向の変化等に適切に対応するため、「男女間における暴力に関する調査」を1999（平成11）年度から3年ごとに調査を実施しています。全国20歳以上の男女5,000人（2005（平成17）年度以前は4,500人）を対象に、無作為抽出によるアンケート調査です。

2020（令和2）年度の「男女間における暴力に関する調査」の有効回収数（率）は、3,438人（68.8%）、内訳は、女性1,803人、男性1,635人です。

配偶者からの暴力の相談先（複数回答）
—2020（令和2）年度—

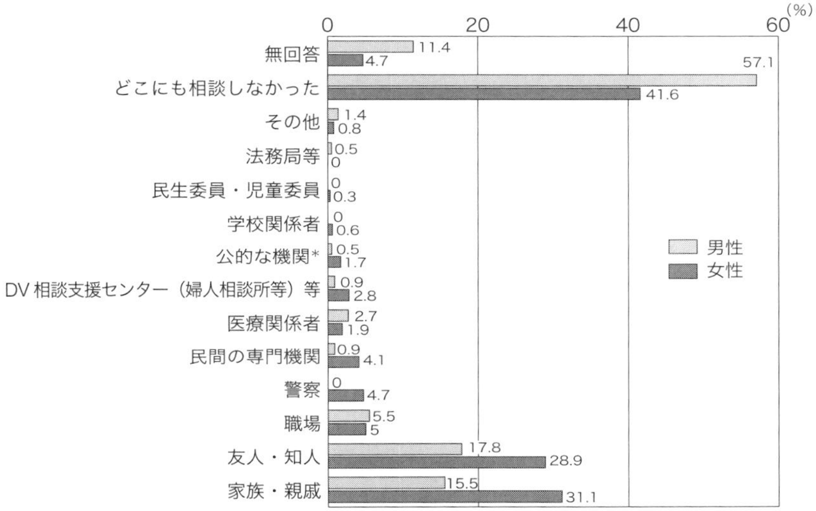

＊公的機関とは、警察、DV相談支援センター、男女共同参画センター、法務局以外をいう。

出典：「男女間における暴力に関する調査報告書」内閣府　2021（令和3）年3月

Q30 DV被害を相談しなかった理由は何ですか。

Ans. 2020（令和2）年度の「男女間における暴力に関する調査」で、配偶者からなんらかの被害を受けたことがあった人に、誰かに打ち明けたり、相談したかについて聞いたところ、「相談しなかった」人は女性は41.6%、男性は57.1%となっています。相談しなかった理由を聞いたところ、「相談するほどのことではないと思ったから」が、女性は45.7%、男性は50.4%と最も多くなっています。次いで、「自分にも悪いところがあると思ったから」が、女性は25.2%、男性は41.6%、「相談しても無駄だと思ったから」が、女性は24.5%、男性は22.4%となっています。

また、配偶者等からの暴力について相談できる窓口を知っているか聞いたところ、男女共に7割以上の人が知っていると回答しています。2014（平成26）年度の調査では、知っていると回答したのは男女共に3割に過ぎませんでした。

相談機関の周知が進み、年々相談件数は増加していますが、まだまだ相談機関につながっていないDV被害者がいることが推測されます。相談しなかった理由からは、「配偶者暴力は重大な人権侵害である」という認識が、社会に浸透していないように見受けられます。

これからも「DV相談＋（プラス）」において実施している24時間電話相談やオンライン・チャット相談、メール相談など、相談しやすい体制作りや関係機関との連携に努めるとともに、配偶者暴力は重大な人権侵害であることを、広く社会に周知していく必要があります。

相談しなかった理由（複数回答）
—2020（令和2）年度—

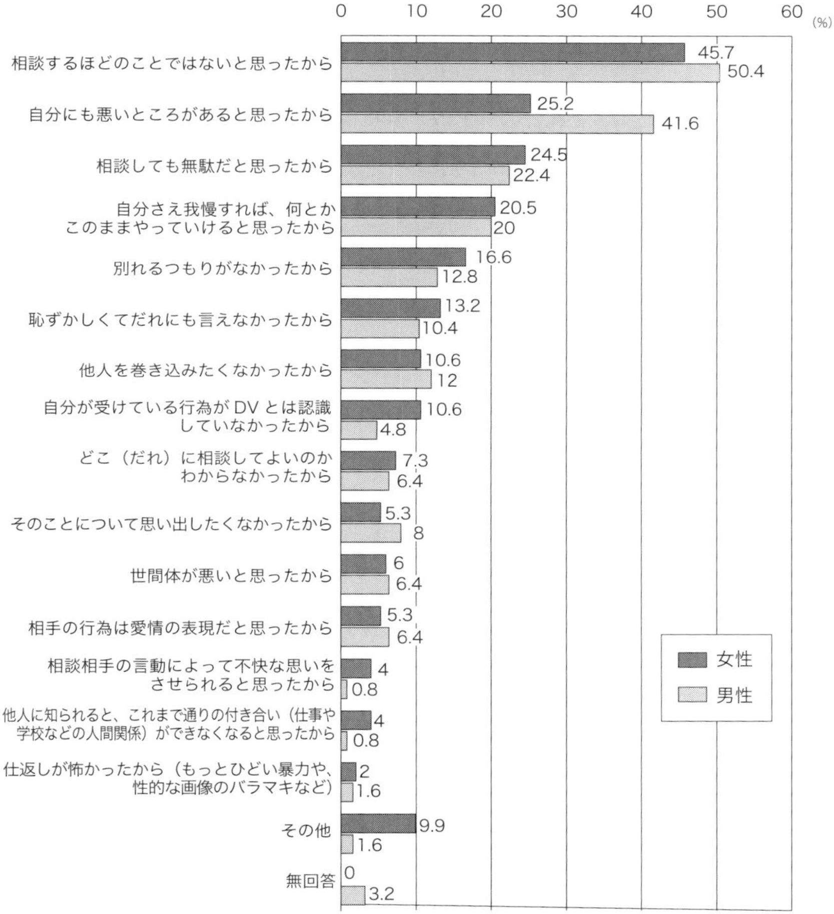

出典：「男女間における暴力に関する調査報告書」内閣府　2021（令和3）年3月

Q31 被害者は暴力を受けた後、どんな行動をとるのですか。

Ans. 2020（令和2）年度の「男女間における暴力に関する調査」で、これまでに配偶者から何らかの被害を受けたことのある人に、その行為を受けたとき、相手との関係をどうしたのかを聞いた結果は次の通りです。

女性は、「相手と別れた」のは16.3%、「別れたい（別れよう）と思ったが、別れなかった」が44.1%、「別れたい（別れよう）とは思わなかった」26.7%と回答しています。

男性は、「相手と別れた」のは14.2%、「別れたい（別れよう）と思ったが、別れなかった」が23.7%、「別れたい（別れよう）とは思わなかった」40.6%でした。

配偶者から被害を受けた人のうち、「別れたい（別れよう）と思ったが、別れなかった」のは、女性では4割強にものぼります。

配偶者から被害を受けたときの行動
―2020（令和2）年度―

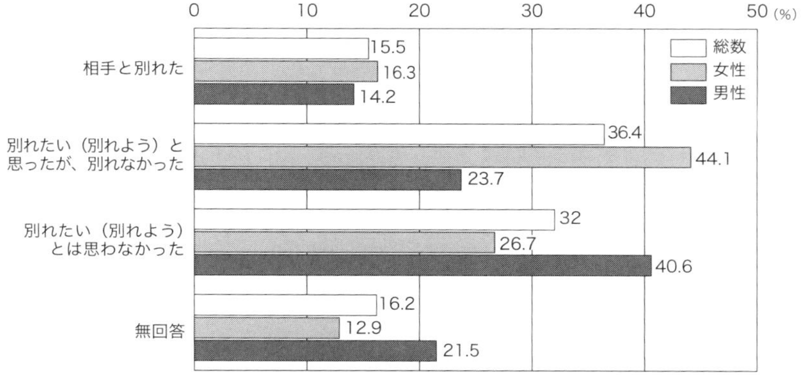

出典：「男女間における暴力に関する調査報告書」内閣府　2021（令和3）年3月

Q32 配偶者と別れなかった理由は何ですか。

Ans.

2020（令和2）年度の「男女間における暴力に関する調査」で、配偶者から何らかの被害を受けたとき、相手と「別れたい（別れよう）と思ったが、別れなかった」という人に、別れなかった理由を男女別に聞きました。

男女ともに「子どもがいる（妊娠した）から、子どものことを考えたから」は、女性が71.3%、男性が61.5%と最も多く、次いで女性では、「経済的な不安があったから」が52.5%、男性では「相手が変わってくれるかもしれないと思ったから」が26.9%となっています。

さらに、「子どもがいる（妊娠した）から、子どものことを考えたから」という理由で別れなかった人に、子どものことで別れなかった理由を聞いたところ、「子どもをひとり親にしたくなかったから」が、女性で57.9%、男性で53.1%と最も多く、次いで、女性は「養育しながら生活していく自信がなかったから」が48.2%、男性では「子どもにこれ以上余計な不安や心配をさせたくないから」が43.8%となっています。

これらのことから、配偶者と別れなかった最も多い理由は「子どものこと」であり、「子どもをひとり親にしたくなかったから」が、その最大の理由であることがわかります。

また、女性は「経済的不安」や「養育しながら生活していく自信がなかったから」などの割合が高くなっています。

暴力を振るった配偶者と別れなかった理由（複数回答）
—2020（令和2）年度—

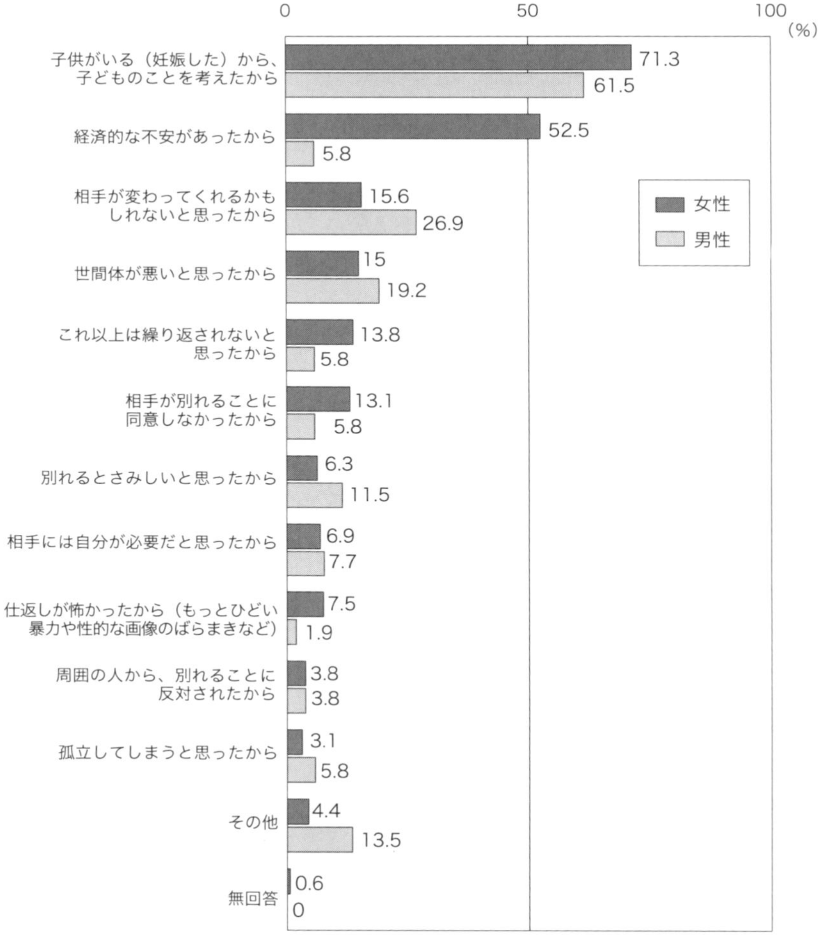

出典：「男女間における暴力に関する調査報告書」内閣府　2021（令和3）年3月

Q33 被害者は、なぜその生活から抜け出せないのですか。

Ans. 内閣府の調査によれば、配偶者からの暴力は、外部からその発見が困難な家庭内で行われるため、潜在化しやすく、しかも加害者に罪の意識が薄いという傾向にあります。このため、周囲も気づかないうちに暴力がエスカレートし、被害が深刻化しやすいという特性があると報告されています。

配偶者からの暴力は、単に殴られたというようなものではありません。被害者は暴力により、怪我など身体的な影響にとどまらず、PTSD（心的外傷後ストレス障害）に陥るなど、精神的な影響を受けることもあります。「DV相談＋（プラス）」の相談結果では精神的DVが最も多く、思い通りにならないと不機嫌になったり、大声で怒鳴ったり、人格を否定するような暴言を浴びせたり、性的行為を強要されたり、生活費を渡さない、交友関係を監視するなど、様々な暴力が繰り返し行われることが多いのです。お前が至らないからだと暴力がエスカレートしていく中で、だんだん自信を失い、自尊心を砕かれ、配偶者の支配の下に置かれていきます。子どもがいた場合には、さらに困難な状況に置かれます。怖くて身動きが取れない状態や、無気力状態に追い詰められたDV被害者が、自力でそこから抜け出すことは非常に困難です。

DV被害から抜け出し新たな生活を始めるには、精神的な支援も含めた、様々な支援が必要なのです。

Q34 男性の被害者にも目を向けよ、という声もありますが。

Ans. DV防止法の前文で述べられているように、配偶者からの暴力の被害者は、多くの場合女性です。そして、DV相談支援センターにおける相談件数からも、長年変わらず、相談者のほとんどは女性です。もちろん男性からの相談も受け付けています。

それでも、男性の被害者にも目を向けよ、という声もあります。

内閣府では、3年ごとに「男女間における暴力に関する調査」を実施し、結果を公表しており、割合や程度は異なりますが、被害経験は男女双方にあります。

例えば男女のやり取りで、女性に「誰のおかげで生活できるんだ！」と、男性に「男のくせに甲斐性なし！」はどちらも被害者に投げかけられる暴言です。男らしさにこだわる、男は弱音を吐けないなど、男のあるべき姿をもとめることは、女性からも男性に投げかけられ、そのことは男性を苦しめてもいる場合があります。また、夫が妻に対して暴力を振るうのはある程度仕方がないと言った社会通念や、夫婦の役割分担などから妻に収入がない場合が多いといった男女間の経済格差など、個人の問題として片付けられないような社会の構造的な問題も大きく関係しています。

いずれにしても、男性より女性が弱い立場に置かれている現実がありますが、被害者をなくすためには男女を問わず、人権意識を変えていく必要があります。

Q35 なぜ暴力を受けていることを隠すのですか。

Ans. 被害者の口から語られる理由には次のようなものがあります。

① 自分の家庭に暴力があるということが世間に知られるのは世間体が悪い。

② 暴力を振るわれるのは自分に非があるからだと思うので、とても恥ずかしくて人には言えない。

③ 暴力を振るわれていることを訴えても、周囲の人たちに、「殴られる方が悪い」と言われると思っているし、現に言われたことがある。

④ 他人に話したことが、加害者にわかってしまうと、もっとひどい暴力を受ける恐れがあるので、隠す。

⑤ 自分のみじめさを他人に知られたくない。

DVは、一見問題のなさそうな家庭でも起きています。それだけに、問題があることが暴露されるのは耐え難いという場合が少なからずあります。

DVは決してごく少数の事例ではありません。肝心なのは、「隠しておける程度か」「こんなことは理不尽だ」と、思うかどうかです。

Q36 被害者がなかなか相談しづらいのはなぜですか。

Ans. 相談しづらい理由としては、次のことが考えられます。

- 色々あって、何から相談していいかわからない
- 他人に個人的なことは相談しづらい
- 自分の個人的な問題に他人が助けてくれるなどと思えない
- みじめな自分をさらけ出したくない

本当に頭が混乱しているときは、何が原因で、何が起きているのかわからなくなるのが当然です。こんがらかった毛糸をほぐすように丹念にほどいていかなくては解決しません。自分の秘密を守ってくれる人に、何でもいいので話を聞いてもらうことから、相談が始まります。

DVの場合、被害者は「お前が悪い」と言われ続けているので、自信を無くしていることが多いです。そのため専門の相談員は、「あなたは何も悪くないよ」と声を掛け始めます。被害者が自分のことを自分の言葉で語れるようになるには時間がかかります。

相談機関に行くまでには、それを引き留める迷いが誰にもありますが、ちょっと背中を押してあげる人が必要です。

Q37 暴力を振るう配偶者をかばうのはなぜですか。

Ans. 家庭という密室で 暴力を振るう配偶者は、常に暴力的なわけではありません。社会人としてはまっとうな常識人で、社会に適応しており、DVが発覚した場合でも、「まさか、あの人に限ってそんなことはない」と世間に思われるような人です。家庭内にあっても、暴力的な日もあれば、反省を口にする日もあります。

DVの場合、身体的な暴力に限らず、精神的、性的、経済的に相手を自分の支配下に置くのが目的ですから、そのためにあの手この手を繰り出します。

一方、暴力を振るわれている被害者は、社会的にも家庭内でも孤立無援の状態で、大変混乱し、相手よりむしろ、自分の方が間違っているのではないか、などと推測してしまいます。そのことが、暴力を振るう配偶者をかばっているように受け取られる場合があります。

暴力を振るわれている被害者が、自分をDV被害者と認めるまでには、様々な段階があります。

Q38「子どものために我慢してきた」と子どものせいにするのはなぜですか。

Ans. 配偶者と別れなかった理由で最も多いのは「子どものこと」で、その最大の理由は「子どもをひとり親にしたくなかったから」。次いで「養育しながら生活していく自信がなかったから」となっています。被害者は「自分さえ我慢すれば、子どもは幸せでいられるのではないか」と、辛い思いをしながら生活を続けていきます。裏返せば、「子どもさえいなければ逃げ出せるのに…」ということであり、「子どものために我慢してきた」という思いが強くなるのです。ところが児童虐待防止法では、父親の母親に対してのDVを目撃していることそのものが、子どもにとって虐待にあたる、と定義されています。つまり、子どもは暴力のある家庭にいることそのものが虐待されていることであり、「子どものために離婚しなかった」というのは、暴力を振るわれているDV被害者はもとより、子どもにとっても辛いことです。

なお、未成年の子どもの養育費用は父母の両方に負担義務がありますが、離婚した場合、非監護親の多くが養育費を支払わない現状があります。

Q39 「親の期待に応えなくてはいけない」と親のせいにするのはなぜですか。

Ans.

結婚するときには、「幸せになる」ことを期待され、本人自身も期待します。また再婚の場合には、今度こそは失敗しないようにという思いを強く持ちます。親からは、「今度はうまくいくように」といわれるので、親の期待も前のとき以上に強い、と思い込みます。そのような場合、たとえ暴力を振るわれても、親に相談することもできず、ずるずるとその生活を続けることになります。

結果的に、自分がDVの配偶者から逃げられなかったのは、「（娘が幸福であってほしいという）親の期待に演技をしてまでも添わなければならなかった」からだと思い込んでいる場合があります。したがって「逃げなかったのは自分のせいではなく、親が期待しすぎるからだ」と責任転嫁することにもなります。

そうではなく、自分の生き方や幸せを第一に考えられたら良い、と思います。そのためには専門の相談機関（DV相談支援センター、女性センター、DV相談＋（プラス））の利用を考えましょう。

Q40 命が危険なほどの暴力を受ける前に助けを求めなかったのはなぜですか。

Ans. 加害者からの暴力被害を相談しなかった理由のうち、最も多かったのは、「相談するほどのことではないと思ったから」です。

しかし、暴力が日々繰り返し行われると、その都度、自分の行動についての反省や、どのように身を守るかに気を使うようになっていきます。そのうち暴力が次第にエスカレートし、被害者が「助けを求めなくては」と気がついたときには深刻な状況になっていることが多いのです。

たとえ助けを求めた場合でも、たんなる夫婦喧嘩として扱われ、親身に相談してもらえなかった経験があると、どこに相談しても解決できないとあきらめてしまいます。

あるいは、単に相談機関を知らない場合もあります。

そのため、異常に気づいた身近な人々が、被害者に、相談機関（DV相談支援センター、女性センター、DV相談＋（プラス））の情報を提供することが支援になります。

Q41 被害者は、受診の際に本当のことを言わず、「転んだ」などと言う場合があります。なぜですか。

Ans. 被害者には、訴えたい、本当のことを言いたい気持ちは十分にあります。しかし暴力を振るった配偶者が救急車を呼び、病院の診察室まで付き添うことはよくあることで、これでは言いたくても言えるものではありません。また、けがの原因を医師に話したことが配偶者にわかったら、もっと怒らせて、また殴られるかもしれない、という不安感から、言おうとしないこともあります。また、病院に付き添ってくれたり、優しい言葉をかけてくれたりすると、そこまで優しくしてくれる配偶者を、加害者呼ばわりできないと思い、その場を取り繕ったりすることもあるのです。

このようなことがあるので、DVが疑われる場合には、医療関係者には、加害者かもしれない配偶者を診察室から遠ざけ、患者から直接話を聞いたり、支援情報を手渡すなどの配慮が必要となります。

Q42 身体的な暴力にさらされているとき、被害者はどうやって身を守っているのですか。

Ans.

身寄りがないとか、遠方にいるとか、友人がいないとかで、頼りになる人が身近にいない場合、配偶者の暴力は激しくなりがちです。

加害者である配偶者の行動を予測できる状況であれば、逃げる、よける、家を出る、トイレや別室に逃げカギをかける、警察に助けを求めるなど様々な防衛策がとれます。多くの場合、始めのうちは抵抗するのですが、直接抵抗することは危険と感じるようになり、怒らせないように気を遣いながら過ごしています。

予測できない場合には、身を守ろうと手や腕でかばうことが多いですが、身を守ることがかえって暴力を激しくさせる場合もあり、配偶者の気が済むまで、されるままに時間が経過するのを待つという場合も多く見受けられます。

骨折するほどのひどいけがをしても治療を受けないとか、配偶者の顔色を窺い、治療を中断することもあります。

Q43 様々な暴力にさらされているとき、被害者はどのように感じたり、考えているのですか。

Ans. 様々な暴力にさらされているとき、被害者は、その暴力に驚く一方、怒らせると大変、気をつけなければ、と思います。また、自分が相手を怒らせるようなことをしたのかもしれないなどと、DVであるとは気づいていません。

一番激しい暴力を受けた直後には、何が起きたかわからないほど驚き、その後、悲しんだり涙を流したりすると、そのことで、さらに暴力を加えられることもあります。そのため、相手の気の済むまで殴られたままでいる、などが多いようです。

「お前が悪い」と責められ、暴力が正当化されるうちに被害者は、自責感や無力感を抱くようになり、不安、不眠、うつ状態となっていきます。

命の危険を感じるほどの暴力が繰り返されると、ストレス反応としてPTSD症状が見られることもあります。激しい暴力を受けた被害者は、「身体に加えられた暴力の痛みは時間がたてば忘れるが、心の傷はいつまでも残る」と語ることが多いのです。

身体的暴力以外の暴力の場合、理不尽だと思っても、黙って聞いていると、次第に、自分はダメな人間だとか、自由にものを考えられなくなりがちです。

DV相談支援センターなどの専門相談機関に相談して、自分の受けていた仕打ちがDVであると知り、初めて、DV被害者になります。自分が悪いのではなく、暴力を振るっている配偶者が悪いのだと知ります。

Q44 被害者のPTSD症状とは、どのような症状ですか。

Ans. PTSD（心的外傷後ストレス障害）とは、事故・災害・戦闘・虐待・犯罪（暴力、強姦）等によって、生死にかかわるような過酷な体験をし、強い衝撃を受けた後で生じる精神疾患を言います。代表的な症状は次の4つです。体験直後にこうした症状が出るのは普通ですが、体験後1カ月たっても続き、生活の妨げになっている場合にPTSDの診断がつきます。

DV被害者は、長期間、反復してストレス障害を受けているため、症状も広範囲にわたり、精神症状は複雑で重症化している傾向が見られます。こうした症状が続く場合、専門機関に相談しましょう。治療できます。

① 侵入症状＝再体験症状

自分の意思と関係なくその出来事が思考や感情の領域で再体験され、まだ被害が続いているような現実感を生じます。なかなか寝つかれず、悪夢に襲われて寝汗をかくなどの症状も見られます。

② 回避・麻痺症状

その出来事に関連する刺激や物事を極度に避けたり、出来事を思い出せなかったり、他人事のように感じたりすることがあります。生き生きした活動ができなくなります。

③ 認知と気分の陰性変化

様々なことに関心や興味を持てなくなったり、以前は楽しめていたことが楽しめなくなったり、他者から孤立していると感じたり、幸福感や優しさなどの感情が持てなくなったりすること等がこの症状に含まれます。

④ 過覚醒症状

いつも気持ちが張り詰め、ドキドキしたり、物音にひどく驚いたり、怒りっぽくなったりします。眠れない日々が続き、気分も不安定になります。

出典：e-ヘルスネット「PTSD/心的外傷後ストレス障害」金吉春（2021年8月25日更新）

Q45 離婚すればDV問題は解決できるのですか。

Ans.

理不尽な暴力を振るわれていることが分かったとき、直ちに離婚して問題が解決するかといえば、そうではありません。相手が同意しない傾向が強いこともありますが、被害者自身も、子どものこと、経済的な不安、世間体が悪いなどから、簡単には決心がつきかねることが多いのです。

2002（平成14）年から18年後の2020（令和2）年には、DV相談件数は約5倍増加した一方、その間の離婚件数は、3分の2に減少しています。色々な原因が考えられますが、DV相談件数の増加と離婚件数の伸びは比例していません。

DV被害者は、結婚生活を継続しながら、配偶者に変わってほしいと願っています。まだ件数は少ないですが、妻の希望を受け入れて、民間の加害者プログラムを受講し、暴力の加害者である自分を見つめて、暴力を振るわないように努めている方もいます。我が国では、この加害者プログラムの受講が法律で義務づけられていないので、普及するには至っていません。我が国においては加害者更生のための指導及び支援の在り方については検討中です。

DV対策の先進的な国であるアメリカ、カナダそして台湾、韓国では、加害者が暴力を振るわないようにする加害者更生プログラムの受講義務が法定化されています。

ミニ知識

○離婚件数は、2002（平成14）年は過去最高の約29万組で、その後は減少傾向が続き2020（令和2）年には約19万3千組と約3分の1減少しています。

第Ⅳ章

加害者は
自覚しているだろうか

Q46 加害者に共通の傾向はありますか。

Ans. 暴力を振るう人は、生活困窮者あるいは暴力的な男性というイメージを持たれがちですが、東京都が2019（令和元）年に実施した、「配偶者暴力被害体験者個別調査」*によれば、加害者には特定のタイプはなく、年齢、地位、職業、学歴、年収等も様々です。職場や地域社会では、人望があり、物分かりがよく、とても家庭内で暴力を振るうように見えない人もいます。

中には、よく他人と喧嘩したり、暴力を振るう、あるいはアルコールや薬物依存、精神疾患等の問題が関係している場合もあります。

しかし、DV事件のほとんどは加害者が飲酒していないときに起きているという研究報告があり、アルコールや大部分の薬物は暴力を引き起こす生理的作用はないと言われています。

加害者の多くは配偶者などのパートナー以外の人間に対して常習的な暴力を振るうことはありません。対象は親密な関係の人に限られています。加害者は、「私はそんなことをした覚えはない」など暴力を振るった事実そのものを否定するほか、暴力を振るう理由を「相手が悪いからだ」など被害者の責任にする、「相手がヒステリックなのでつい、それを止めようとして手を挙げただけ」などと主張

ミニ知識

＊東京都生活文化局　「令和元年度配偶者暴力被害の実態と関係機関の支援の現状に関する調査」報告書　2020（令和2）年3月

参考文献：ランディ・バンクロフト／ジェイ・G・シルバーマン著　幾島幸子訳「DVにさらされる子どもたち～加害者としての親が家庭機能に及ぼす影響～」金剛出版2004

することが多いです。

しかし、加害者に共通するのは暴力により相手を支配しようとすることです。

Q47 加害者には加害者の自覚はありますか。

Ans. 離婚調停の際や警察沙汰になった際の加害者の言い分から推測すると、ほとんどの加害者は、暴力を振るったことに罪の意識はありません。自分が怒った原因は妻が悪いのであり、自分に責任はないと、様々な形で自分の行為を正当化しようとします。

例えば、相手が謝るまで何時間でも小言を言い、「妻が悪かったのだ。その証拠に、妻は自分が悪かったといつも謝っている。」と自分を正当化します。「妻はすぐ痣ができやすい体質だ」と被害を小さく説明するほか、実際そう思っている節もあります。

加害者に、暴力を振るっている自覚がないことが大問題です。

「DV」は犯罪となる行為も含む重大な人権侵害であることを周知し、DV防止法に基づき、DVを防止することが大事です。今後、暴力被害者を保護していくには、加害者に対して罪を自覚させる何らかの強制的なプログラムが不可欠です。しかし、日本のDV防止法にはその定めがありません。DV防止法の改正を含め、立法化が必要です。

Q48 被害者から見た加害者像はどんなものですか。

Ans. 相談の場で被害者から多く語られる加害者像を例示してみました。

① 年齢にかかわらず、強い男尊女卑の意識を持つ。

② 外面《そとづら》がよく、口がうまい。頭がいい。外では紳士、家に帰ると豹変する二重人格者のよう。

③ しつこい。いつまでも過去のことにこだわり、決着していることでも何度も持ち出す。

④ 嫉妬深い。些細なことで男性関係を疑う。

⑤ 几帳面すぎる。掃除や片付けなどに完璧を求める。こだわりのある細かいルールを作る。

⑥ 感情が変わりやすく、機嫌の変化が予測できない。

⑦ 暴力を振るう理由を妻のせいにする。

⑧ 自分さえよければよい、と思っている。

Q49 加害者は、どのような方法で被害者の心を支配するのですか。

Ans. 加害者は巧みに配偶者の心理操作をすると言われています。

暴力と暴力の合間には通常穏やかな期間があり、愛情を示したり、寛大で柔軟な態度をとったりします。そうすることによって相手の信頼を回復しようとしたり、自分が変わったと思わせたりするのです。

被害者は暴力を受けた結果、それまで経験した不安や恐怖からの解放を希望し、また優しさや理解を求めるようになります。その結果、適切なタイミングで慰めを提供する者を救済者とみなして、感謝するようになると言います。

加害者が暴力を振るった後で謝罪したり、気持ちを気遣ったり、優しい言葉を掛けたりすると、被害者はその優しさに感謝し、自分から進んで相手を許し、加害者が本当は自分を深く愛していると思うようになります。

このサイクルを何度も繰り返すうちに、被害者は暴力が中断されるだけで感謝するようになると言われています。

また、加害者は「しつけ」と称して、些細なことで繰り返し配偶者の非を責め続けたり、日常「お前はダメな奴だ」と言い続けたりします。そのことにより被害者は自尊感情（自分を大切に思う気持ち）を持てなくなり、あらゆることに自信を無くし、自分をダメな人間だと思い込むようになります。そして加害者がいないとやっていけないと思うようになります。

そのような状態に陥ると、被害者の立場から抜け出すことは難しくなります。

このようにして、加害者は被害女性を混乱させ、がんじがらめにするのです。

参考文献：ランディ・バンクロフト/ジェイ・G・シルバーマン著　幾島幸子訳「DVにさらされる子どもたち〜加害者としての親が家庭機能に及ぼす影響〜」金剛出版2004

Q50 「暴力ではなく『しつけ』」という加害者の言い分は、どこがおかしいのですか。

Ans. 暴力を振るう加害者の多くは「自分は男性だから配偶者より優れた人間だ」と思っています。そして配偶者を指導する権利があると思っています。そのことを分からせるために「しつけ」と称して暴力を振るったり、相手を非難したり、行動制限をしようとするのです。

一人前の大人同士で、一方が他方の人をしつけるということは、相手の人権を無視した考え方です。身体的暴力だけでなく、あらゆることで一方的に相手をコントロールしようとすることは正しいことではありません。

社会の最も基礎的な単位である家族の中で、女性の人権が尊重されないことは、単に個人の問題ではなく、社会全体の問題です。

Q51 加害者は、なぜ暴力を振るうのですか。

Ans. 被害者に対するアンケート調査では、加害者が暴力を振るう原因は「加害者が自分勝手・自己中心的」「気に入らないことがあると暴力で解決しようとする」をあげる人が多く、また、暴力に至ったきっかけには「意に沿わないことを言った」「被害者が思い通りにならない」といったことがあげられています[*]。

加害者の最大の特徴は、配偶者などのパートナーを支配することです。様々な形で女性を支配しようとし、抵抗するとますます激化していきます。

1947（昭和22）年に施行された日本国憲法第14条では、男女平等が謳われています。しかし、これまで女性は男性に従うものという考え方があり、女性の人権が低くみられてきました。

また、幼少期から、男性は優秀で強い存在であるべきという考え方の中で育ってきています。加害者はそのような考え方を背景に、自分は、家族の中で特別な存在であるという意識を持ち、家族の間ではどのような行動も許される、と自分勝手に思い込んでいます。自分の支配の力が脅かされると思われるような時、脅かす相手に対して暴力を振るって、自分の強さを誇示しようとするのです。

さらに日常的に、自分に対して刃向かうことのないよう、些細なことでも怒りの対象にし、相手を身動きができないよう追い詰めていきます。

ミニ知識

＊東京都生活文化局　「令和元年度配偶者暴力被害の実態と関係機関の支援の現状に関する調査」報告書　2020（令和2）年3月

参考文献：ランディ・バンクロフト／ジェイ・G・シルバーマン著　幾島幸子訳「DVにさらされる子どもたち」金剛出版2004

コラム8

「家制度」の名残り

「家制度《いえせいど》」の家《いえ》とは、建造物（ハウス）のことではなく、1898（明治31）年制定の旧民法により法定された日本の家族制度のことです。

家制度は、1948（昭和23）年の廃止後すでに70年以上が経過しており、「家制度を知らないし、全く無縁」と思われている方も少なくないでしょう。しかし未だに、意識の中に大きな影響が残っています。家制度の特徴を知り、これを克服しないと、現行憲法下の男女平等などの精神は骨抜きにされてしまいます。

家制度の主な特徴：

家の名前を氏《うじ》といい、一つの家に属する人はみな同じ氏で、一つの戸籍に記載されます。息子が婚姻すれば、その配偶者は同じ氏の一員になります。戸籍の筆頭者は戸主《こしゅ》といい、家族は、自分の配偶者、子どもとその配偶者、更にその子どもです。戸主は家族に対し、大きな権利義務があります。例えば、①先代の戸主の座を引き継ぐ際には、長男がその家に属する全ての財産を一人で相続します。これは、男子優先、嫡子優先、年長者優先の考え方から来ます。現在は妻にも、女子にも非嫡出子にも相続権*があります。その代わりに②戸主は全ての家族を扶養する義務を負います。また戸主には、成人であるメンバーであっても③婚姻についての同意権、④居所指定権、などがあります。

＊非嫡出子の相続分が嫡出子と同等になったのは、2013（平成25）年の民法改正によります。それまで、家制度の名残りがありました。

現在、次のように、家制度の名残りがあります。

①　氏《うじ》

旧民法下では、入籍によって妻は夫の家《いえ》（物理的な家ではなく、制度としての家）に入ることになります。そして妻は氏を夫の氏に変更し、戸主（多くの場合 舅《しゅうと》）と配偶者である夫との二重の支配と庇護のもとに入ります。

現行民法では、「夫婦は婚姻の際に定めるところに従い、夫または妻の氏を称する」と、いかにも男女平等のようですが、実態は97%が夫の氏に変更しています。

旧民法の家制度からの決別と選択的夫婦別姓制度（氏を選択できる制度）の導入は深い関係があります。

② 婚姻と入籍

旧民法下では、法的な婚姻を「入籍」と表現します。入籍によって妻は夫と舅の支配と庇護の下に入ります。現行民法下では、婚姻届出後は、親の戸籍を離れて、夫婦で新しく戸籍を作る仕組みになったのですから、「入籍」は間違っていると言えます。

「このたび入籍しました」と結婚指輪を見せる芸能ニュースが珍しくありません。新郎・新婦は、「入籍」が家制度の下での正式な婚姻を意味する、とは思っていないことでしょう。しかし、うっかり「入籍」と言うと、その婚姻を旧民法下のように受け取る方も少なくないようですから、要注意です。

Q52 加害者は、なぜ女性に暴力を振るってもいいと考えているのですか。

Ans. 歴史的に、欧米ではキリスト教の「聖書」の教えにより、女性に対する男性の支配は、神の定めたものとして当然のことだ、とみなされていました。男性には女性に対する懲戒権を認められていた時代もありました。

日本では、江戸時代、「家」の継続を基本として、夫婦は家の「当主」と「女房」としてそれぞれの職分を受け持っていました。「当主」は「家」の代表として家業全体に責任を持ち、「女房」は家政を担当し、家業がうまく運営されるよう管理する役割を持っていました。

明治時代になって、民法を制定するに当たり、西洋的な「権利」の概念を導入し、それまでの職分に基づく役割だった「当主」を「戸主」として権力を持たせました。そして、女性は男性に従うという形が国家によって進められるようになりました。

日本も欧米とは経緯は違いますが、女性は男性に従うという形が国家によって認められ、女性の人権が貶められていました。そのことが、現代では男女平等が保障されているにもかかわらず、女性に対して暴力を振るってもいいのだと考える根拠になっていると思われます。

参考文献：中村敏子「女性差別はどう作られてきたか」集英社新書　2021（令和3）年

Q53 加害者は、なぜ離婚して問題を解決しないのですか。

Ans. 加害者は、自分が暴力を振るう理由を相手のせいにし、被害者である配偶者の方が悪いと主張しますが、離婚したいわけではありません。そのため相手の離婚の申し出にはなかなか応じず、協議離婚は成立しづらいのです。暴力を振るうのは、配偶者に非があるからではなく、本当は八つ当たりであったり、フラストレーションのはけ口にしたり、また、自分より弱い者を力によって支配し、自分の思い通りにさせるためなのです。

離婚に応じることは、相手の主張を認めるわけで、自分の非を認めることにつながります。DVの加害者にとって、離婚することは問題の解消にはならないのです。

Q54 DV防止のための「加害者更生プログラム」について教えてください。

Ans. 被害者の安全と暴力の防止のためには、警察官などによる厳しい対応が第一に重要ですが、加害者が再び暴力を振るわないようにするための働き掛けとして、加害者更生プログラムも必要です。

アメリカ、カナダ、韓国、台湾等の国では、加害者更生の制度として「加害者更生プログラム」が実施されています。国により内容は異なりますが、司法制度上の刑事被告人である加害者に対し、処罰の代替として加害者更生プログラムの受講を命じる、というのが一般的です。プログラムは、加害者が自らの暴力の責任を認識し、価値観、行動を変化させ、配偶者を暴力により支配するのではなく、対等な人間関係を築くことを学ぶものとなっています。その効果はまだはっきりしていないので、過大な期待は禁物ですが、加害者を罰するだけでは不十分なので、様々な取り組みが必要です。

我が国においては、DV防止法上の加害者に対する強制的な更生プログラムはありませんが、一部の自治体や民間団体では受講を希望する加害者に対し、独自のプログラムに基づく教育を実施しています。加害者対策の位置づけや内容について、今後、我が国の現状を踏まえて検討することが必要です。

加害者更生プログラムを進めるに当たって、加害者個人を強制的にプログラムに参加させるには法制度の整備が必要であるという意見があり、政府は2019（令和元）年度に有識者による検討会を設置し、自治体を実施主体とし、民間団体と連携し試行的に「DV加害者プログラム」を実施するなど調査・検討を続けています。その結果、加害者をプログラムに通わせることによって関与し続け、脱暴力化を促すとともに、地域においてコントロールすることには意義がある、と考えています。

しかし、男女共同参画会議の「女性に対する暴力に関する専門調査会」は加害者の脱暴力への更生指導については、今後の課題としながらも、先ずは現行法の枠内でできることに取り組むべきと考えています。

第V章

子どももDVの被害者です

Q55 DVを子どもに隠しきれるでしょうか。

Ans.

隠しきれるものではありません。安全、安心であるはずの家庭内での暴力は、直接子どもに対して暴力が及ぶかどうかにかかわらず、子どもの心を大きく傷つけます。目撃することそのものが子どもにとっての心理的虐待になります。また子どもは眠っているように見えたとしても、音も声も聞こえていますし、気まずい雰囲気も感じ取っています。

Q56 DVを目撃した子どもは虐待を受けている、と言えるのですか。

Ans. DVの被害者、あるいは加害者は「私（妻）には暴力を振るうが、子どもは可愛いし、優しく接しているから、子どもには悪影響はない」と思っていることが多いのです。しかし、直接暴力が振るわれなくても、両親の不和は子どもの心に大きな傷を負わせます。実際、DVを目の当たりにしている子どもが、自分には優しいけれども、母親に対しては暴力を振るう父親を怖がって、児童相談所に助けを求めて来た例があります。

これは児童虐待防止法による心理的虐待に当たります。

児童虐待防止法では2004（平成16）年の法改正で、「子どものいる家庭で行われる配偶者への暴力（DV）」は心理的虐待に含まれることになりました。

この法改正を受けて、児童虐待の相談件数は、それまで身体的暴力が最も多かったのですが、最近は、DV被害者が警察に相談に行くと、子どもに対する心理的虐待がある、と判断されて児童相談所に通告されることが多くなり、統計上心理的虐待が最も多くなっています。

DVの被害者が「子どもには被害が無いのだから、自分さえ我慢をしていれば」と思って何もしないでいると、それは子どもを虐待する加害者の立場になってしまうと言えます。

コラム9

児童虐待とは

子どもに対する虐待としては、世界的に様々なものが挙げられます。例えば、飢餓に苦しむ子どもや戦場で銃を握る子ども、劣悪な条件で働かされる子どもなどが見られます。子どもの健全な成長を妨げる行為は、広い意味では、虐待といえます。

我が国においては、2000（平成12）年に、児童虐待防止法が制定されました。

児童虐待防止法では、児童虐待は「児童に対する著しい人権侵害」であることが明記されており、親又は親に代わる保護者によって子どもに加えられた行為で、次のように分類されますが、多くの場合、重複して起こります。

① **身体的虐待**：子どもの身体を傷つける、あるいは傷つける恐れのある暴行行為

② **性的虐待**：子どもにわいせつな行為をすることや、わいせつな行為をさせる行為

③ **養育の放棄又は怠慢（ネグレクト）**：子どもに食事をほとんど与えない、長時間の放置その他著しく監護（子どもに目を配り、教えたり、守ったりすること。）を怠る行為

④ **心理的虐待**：子どもに対する暴言又は著しく拒絶的な対応、配偶者に対する暴力（DV）その他子どもに心理的外傷を与える言動

児童虐待防止法施行時には「児童が同居する家庭における配偶者に対する暴力」は児童虐待の定義として明記されていませんでした。しかしDVは子どもの成長に重大な影響を及ぼすものであり、このような状況で苦しむ子どもも多いことから、2004（平成16）年の法改正時に明記されました。

さらに2019（令和元）年のDV防止法改正時には、相互に連携・協力するべき機関として児童相談所が明記され、保護の対象に同伴する家族も含めることとされました。

Q57 DVを目撃した子どもはどのような気持ちでいるのでしょうか。

Ans.

直接子どもに暴力が振るわれなくとも暴力がある家庭で生活をする、しかも暴力の加害者、被害者が自分の父や母であるということは、子どもにとって、大変につらいものです。

このような家庭は子どもにとって決して居心地のよい場所ではありません。自分の精神の安定を脅かす恐ろしい場所であり、両親は安心して気持ちを寄せられる人ではなくなります。常に、いつ起こるかわからない暴言・暴力に脅え、不安な日々を過ごすようになります。

その結果、子どもは両親を信頼できなくなります。親に対する不満から、わざと困らせるようなことをしたり、加害者、あるいは被害者を憎むようにもなったりします。その子どもが大人になったとき、何らかの形で影響を残すことが少なくありません。子どもの立場からは、心理的虐待を受けていることになるのです。

Q58 DVのある家庭に育つ子どもにはどのような行動が見られますか。

Ans.

子どもの成長にとって、安全で安心して生活できる環境は、非常に大切です。その生活の場で自分を保護してくれるはずの両親が不和状態にあるということは、子どもの情緒面の発達に大きな影響を及ぼします。

その表れ方は様々です。子どもが小さい場合は母親からなかなか離れられず、暴力を受けて不安定になっている母親をさらにいらだたせ、困らせることがよくあります。もう少し大きくなると、ちょっとしたことでパニック状態になり、勉強が手につかなくなったり、友達とトラブルを起こしたりなど日常生活に支障をきたすことがあります。また、極端に甘えたり、困らせたりすることも見られます。基本的な人間関係を作る場である家庭で、人に対する信頼関係を十分に育てることができないため、良好な人間関係を作ることが難しく、大人になっても影響が強く残り、社会生活、結婚生活、親子関係の持ち方などに支障をきたすこともあります。

家にいることを嫌がる反面、母親を守ろうとし、暴力を振るわれている親を守るために争いに割って入ることもあります。また自分のせいで父親が母親に暴力を振るったと思い込んで罪悪感を持ったり、母親が殴られる原因を再び作ってしまうのではないかと不安になる子どももいます。

Q59 DVにさらされている子どもの、友達との関係はどのようですか。

Ans. アメリカにおける様々な研究によると、DVにさらされる子どもは他の子どもに比べて、仲間に対していじめや悪口など攻撃的な態度を取りがちで、一般に問題行動が多いと言われています。特に男の子の場合、家族以外の人に対する攻撃が顕著にみられます。DVにさらされる子どもは他の子どもに比べて、友達と過ごす時間が短い、親友がいないことが多い、友人関係に問題があるなどの特徴があります。また、精神健康面でも様々な悪影響が見られ、問題行動、多動、不安、自分の殻に閉じこもる、学習困難などの比率が著しく高い、家にいるのを嫌がるなどの行動が見られると言われています。

参考文献：ランディ・バンクロフト/ジェイ・G・シルバーマン著　幾島幸子訳
「DVにさらされる子どもたち」金剛出版2004

Q60 DVは子どもが成長する中で、どのような影響を与えますか。

Ans. 子どもの成長にとって安全で安心な生活環境は大切です。そのような環境で、大切にされて育つことで、自分や他の人を大切にすることが身に付き、人への信頼感が育ちます。そして自立することができるようになるのです。

暴力的な環境では子どもは恐怖を感じながら、不安定な親子関係の中で育つことになります。直接暴力を受けなくても、心理的虐待を受けていることになります。

子どもは自由に感情や欲求を表現できず、不登校や摂食障害などの情緒的障害を起こしたり、母親と同じPTSD症状（参照：Q44）を見せることがあります。自分自身を大切と思えず、ヤケになったり、自分を傷つけようとしたりということも見られます。人への信頼感が持てないため、対人関係がうまくいかないで苦しむこともあります。欲求を通すのに暴力を使うことが当たり前、という意識を持ってしまうこともあるのです。

Q61 DVは子どもの価値観に、どのような影響を与えますか。

Ans. 一般にDVによって子どもの成長には情緒面、行動面、学習面への影響があると言われますが、日常的に加害者の行動に接することは、子どもの価値観や考え方にも大きな影響を与えています。

幾つか例を挙げると

① 加害者の行動や発言を通して、母親自身が暴力を振るわれる原因を作っていると考えがちです。

② 自分の意思を通したり、対立を解消するためには、暴力を振るってもいいのだ、と考えるようになる場合があります。

③ 性的役割に関する固定観念を抱きやすく、男は支配権を握り、女は服従すべきであるという考え方を持ちやすくなります。

④ 暴力や加害者としての親に接し続けることで、女性に対する否定的な態度が様々な形で植え付けられ、女性は弱く、愚かで無力であるという意識を持つようになりやすいです。

⑤ 多くの場合、加害者が法の裁きを受けずに済んでいることや、自分の行為を正当化することで、自分の行為に責任を負わなくてもいい、と考えがちになります。

参考文献：ランディ・バンクロフト/ジェイ・G・シルバーマン著　幾島幸子訳
「DVにさらされる子どもたち」金剛出版2004

Q62 父親が暴力を振るう家庭の子どもの父親像・母親像はどのようですか。

Ans. 暴力を振るう父親は配偶者や時には子どもにも向かって暴力や暴言により家庭内で権力を振るい、支配権を握っていることを示します。

そのような父親は、家族の中では苦しみや混乱をもたらす者とみなされます。一方、DVのほとんどは家族以外には気づかれにくく、外部から暴力に対して責任を問われることが少ないです。その結果、子どもは父親の方がより強く、より正しいと思いがちになります。また、父親は暴力を振るう一方で、子どもを味方にしようと子どもに気を遣い、積極的に関わろうとします。そのため子どもは父親といる方が楽しいと感じたり、味方をする方が得だと考えることもあります。

一方の母親は暴言・暴力が振るわれているとき、子どもは脅えた無力な母親の姿を目の当たりにします。母親は愚かでわがまま、あるいは要求されたとおりにしないからだと、母親を劣った存在と見てしまいます。暴力を受けた母親はショックや怒り、恐怖が入り混じった感情と闘っており、悪夢やうつ状態などトラウマによる様々な症状を経験しています。しかしそれは、子どもには冷淡で自分の殻に閉じこもり、感情の起伏が激しいと映り、暴力の原因は母の性格にあるのだと考えてしまうこともあります。また、例えば子どもにも向かう暴力を制止すると、暴力が一層激しくなる恐れがあるので、母親は一身に暴力を受け続けることもあります。子どもはこのことを理解できず、母親は父親の暴力に立ち向かわず、あるいは立ち向かえず、自分たちを守ってはくれない、と思ってしまうこともあります。

このように、父親の暴力は母親の権威を失墜させることに繋がります。その結果、子どもは母親を軽蔑し、母親への暴力は許されると思ったり、母親は無能で未熟だから自分が守ってあげなければいけないと思い込んだりもします。

参考文献：ランディ・バンクロフト/ジェイ・G・シルバーマン著　幾島幸子訳
「DVにさらされる子どもたち」金剛出版2004

Q63 DVを目撃する子どもが、暴力を振るわれている親を憎んだり、暴力を振るったりするのはなぜですか。

Ans. 単純に考えれば、暴力を振るう親を憎み、振るわれている親をかばうものと思いそうです。ところが、そうとは限りません。

子どもはDVを目撃することで危機的状況にあります。暴力を振るわれている親は、自分のことに精一杯、子どもにまで気を配る余裕がありません。頼りにしたい母親が自分を守ってくれないと、甘えたい気持ちの裏返しに、甘えさせてくれない母親を憎み、困らせてしまいたくなる場合があります。子どもは、その感情に気づかず、ただ荒《すさ》んだ気持ちで、母親に暴力を振るうこともあります。後年成長してから母親を憎んでいる自分に気づくと、子ども自身、そのような気持ちを持った自分を責め、大きく傷つくこともあります。

第Ⅵ章

知っておきたい支援策

Q64 DVで負傷した場合、どうすればいいですか。

Ans. まず、ケガの手当てをするために、医療機関に行きましょう。

医療費については、保険証を持参していれば、それを利用します。保険証を持参できなかった場合で現金を持っていれば、とりあえずは自費で受診します。経済的に自費負担できない場合は、医療機関の医療ソーシャルワーカー（MSW）のアドバイスなどを受け、後日、福祉事務所の窓口で相談することになります。

証拠保全のための診断書が必要となる場合があります。診療時に、DVによるケガであることを告げておくと治療後でも作成してもらうことができます。

なおDV防止法では、医師など医療関係者は被害者本人の了解を得て、警察に通報できることになっています。被害者が望まない場合は、通報しません。

Q65 加害者から逃げないで、家に留まるときに考えておくことを教えてください。

Ans.

配偶者から暴力を受けていても、配偶者から逃げない被害者もいます。子どものこと、経済的不安などから家に留まっていますが、配偶者からの暴力は、止むことはなく、重大な事態になる危険があります。

人は誰でも自分らしく生きる権利、人権を保障されています。DVの本質は暴力によって人を支配することですが、被害者は、DVによってその権利が奪われている重大な人権侵害行為であることに気づいていないことがあります。また、DV被害者を支援する制度、体制についてもよく知らないことが多いので、これらのことについて、地域の婦人相談員やDV相談支援センターなどの職員などと情報交換し、今後どう生きていきたいか主体的に考えていくことが大切です。

その上で、緊急な事態の場合の避難について、婦人相談所や、警察など避難先の情報や避難の際に持ち出すものなどについて婦人相談員などとよく話し合っておくことが重要です。

コラム10

逃げずに家に留まるときの心構え

DVの被害を受けていながらも、やむを得ない理由等のため家に留まる際に、気をつけておくべきことをまとめました。チェックリストとして活用してください。

- □ 相談員（援助者）と定期的に連絡をとっておく。
- □ 相談機関や交番などの電話番号を覚え、いつでも連絡できるようにしておく。携帯電話を活用するときは、GPS機能をOFFにして、配偶者に自分の居場所を知られないようにしておく。
- □ 家を出る際に持ち出す必要のある物を確認し、準備しておく。（コラム12参照）
- □ とっさの時に、すぐ持ち出せるよう、荷物を一つにしておく。
- □ 信頼できる友人等に、日頃から状況を伝えておく。
- □ 状況が理解できる子どもには、あらかじめ伝えておく。
- □ 家を出たらどこへいくか、どのようなタイミングで家を出るかなどをイメージしておく。

Q66 安全に避難できる場所はありますか。

Ans. 各都道府県にある婦人相談所では、被害者が無料で安心して宿泊できる施設（一時保護所）を備えています。ここは単なる宿泊施設ではありません。様々な専門職（医師、看護師、心理職、婦人相談員）がいて、利用者の意思を尊重し、利用者に寄り添い、相談、保護、自立支援などを行う公的な機関です。利用者本人だけでなく、子ども連れの場合には、母子一体の対応を心がけています。ただし、子どもの年齢などによっては児童相談所と連携しての対応となる場合があります。さらに通常18歳未満の子の保護・支援は児童相談所の対応が基本ですが、性的暴力被害の事例では婦人相談所で支援したほうが良いとされています。

この施設の利用期間は約2週間ですが、安全な施設の中で心身を休め、施設退所後の生活などについても相談することができます。施設の概要や利用のシステムは都道府県によって異なります。公設の施設のほか、民間シェルターに委託している場合もあります。DV専門の相談機関、福祉事務所、警察などにあらかじめ相談して情報を得ておくことも大切です。情報を得る手段として電話相談、SNS相談もあります。

緊急に避難する場合は、すぐに110番するか最寄りの警察、交番に駆け込んでください。警察は、DV相談支援センターや婦人相談所と連携を取り合い、被害者を保護・支援します。

なお婦人相談所は、新たに成立した困難女性支援法に基づき、2024（令和6）年4月から女性相談支援センターになります。

コラム11

スマホの安全な使い方

スマホは、電話機というより、パソコンの仲間です。電話だけでなく、メールしたり、写真を撮って送ったり、ゲームしたり、ウェブサイトをみることもできて、とても便利です。スマホの普及率は、2010（平成22）年には携帯電話を持っている人の約4%に過ぎませんでしたが、2023（令和5）年には約96%となり、急速に普及しました。しかし、便利さの反面の問題点について、あまり知られていません。

問題点はいろいろありますが、ここでは、DV被害者が、自分の居場所を知られたくない場合、スマホの通信機能（SNS）を安全に利用するために、とくに気をつけていただきたいことを挙げます。

（SNSを安全に利用するために気をつけて欲しいこと）

●GPS機能をOFFにしてください

GPS機能などの設定を「オン」にしている場合に、写真をダウンロードして、データの情報を見ると　⇒　住所がわかってしまう！悪い人に知られたらたいへんだ。

●避難先で知り合った人に、お互いの連絡先を教えあわないでください（一時避難している場合）

お互いに「聞かない・教えない」が安全と安心につながります。

●写真や動画の撮影で以下のことを守ってください

＊撮影OK　➡　自分、自分の子ども
　撮影NG　➡　OKなこと以外（他利用者、建物内外すべて）

＊写真に、住所を示すヒント（有名な建物や電信柱の広告などいろいろ）がうっかり写っている場合があります。「万が一、全世界に永久に出回っても困らない内容だけ」を撮影しましょう。

＊友人だけに送ったつもりが、自分が知らないところで広がっていた事例はたくさんあります。

＊乳幼児であっても裸や下着だけの撮影もしないようにしましょう。悲しいことに、ネット上では「児童ポルノ」として広まってしまった被害は数多く発生しています。

参考文献：講談社編　「こどもあんぜん図鑑　スマホ・パソコン・SNS　よく知ってネットを使おう！」　講談社　2015年

コラム12

家を出るときに持ち出すとよいもの

DV被害により、家を出てシェルター等へ身を寄せる際に、持ち出しておくと便利なものとして、以下のようなものがあります。チェックリストとして活用してください。

- □ 現金（多額な現金が必要なわけではありません）
- □ 預金通帳とカード（本人名義、子ども名義のものがあれば）
- □ クレジットカード（本人名義のものがあれば）
- □ 交通機関カード（スイカ、パスネットなど）
- □ 身分証明できるもの（運転免許証、健康保険証、年金手帳、パスポート、マイナンバーカードなど）
- □ 健康保険証（なければコピーでも）
- □ 受診する医療機関の診察券（あれば）
- □ 薬（服薬中なら）
- □ お薬手帳（あれば）
- □ 眼鏡やコンタクトなど一式
- □ 小児連れなら母子手帳
- □ 裁判の際に証拠となるもの（医師の診断書・写真、被害届、日記など）
- □ 加害者が行き先を探す手がかりになる住所録、電話帳など
- □ 被害者や子どもの大切なもの（写真、教科書、おもちゃなど）
- □ 当面の着替え（本人及び子どもがいれば子ども用も）
- □ 自宅のカギ
- □ 携帯電話・スマホ
- □ その他気づいたもの

コラム13

家を出たときの留意点

DV被害から逃れるために家を出た際に気をつけておくべき点をまとめました。チェックリストとして活用してください。

- □ 加害者が追ってくると思われるときは、危険な場合があるので実家は避ける。
- □ 緊迫しているときは、まず、警察やDV相談支援センター、福祉事務所へ援助を求める。安全な場所に着いてから、今後の相談をする。(電話番号がわからないときは、市区町村役所（役場）に尋ねるとよい。)
- □ 加害者が追ってくると思われるときは、あらかじめ警察に相談し、行方不明者届（捜索願）を受理しないように依頼しておく。DV相談支援センターなどに相談しておくと、こうした手続きも、スムーズに進みやすくなることが多い。
- □ 子どもの学校や保育園などにも、事情を伝え、秘密保持の協力を依頼しておく。
- □ 避難している位置を特定されないよう、携帯電話のGPS機能などの設定をOFFにしておく。

Q67 加害者から捜索願を出されそうな場合どうしたらいいですか。

Ans. 暴力を振るう配偶者は、被害者が家を出た場合、多くの場合執拗に後を追ってきます。そして、「行方不明の妻を探している」と、警察に行方不明者届（捜索願）が出されることがあります。被害者は、これが出される場合に備えて、事前に警察に相談しておきましょう。配偶者の暴力から避難していることが事前にわかっていれば、警察は受理しないことになっています。警察における家出人発見活動は、家出人の保護を図り、その他保護者等の期待に応えることを目的としており、加害者が被害者を捜し出すための手段として利用されてはならないからです。行方不明者届（捜索願）を受理した後で、配偶者暴力の被害者であることがわかれば、被害者の意思を尊重し、被害者の立場にたって、対応することになっています。

被害者が一人だけで警察に相談するよりも、警察やDV相談支援センターなどに相談してきたことを証明できると、不受理を希望することが理解されやすくなります。

Q68 家を出た後の住民票など（年金・健康保険・郵便・子どもの学校）、住所秘匿についてどうしたらいいですか。

Ans. 加害者（暴力を振るう配偶者）は、被害者が家を出た場合、執拗に後を追うことが珍しくありません。

引っ越し先で行政サービスを受けるには住民票の転出届が必要です。転出届を出すと元の住民票には転出先の住所が記載されます。通常、家族は閲覧できるので、転出届を出すと配偶者に引っ越し先を知られてしまい、大変危険なことになります。

このような問題は、戸籍、健康保険、年金の受給、郵便の転出届、子どもの学校の転入、加害者から警察への行方不明者届（捜索願）などがあります。

DV防止法の「基本計画」の中で、「情報管理の徹底等、被害者及びその親族、支援者等の関係者（以下「被害者及びその関係者」という。）の安全の確保を常に考慮することが必要である。」とされ、加害者に情報提供できないことになっています。

あらかじめ、配偶者からの暴力被害者であることを関係機関に伝えておくこと、また機関によっては、配偶者暴力の被害者であることの証明書の提出が必要である場合があります。証明書は婦人相談所が発行するものとされていますが、DV相談支援センターの発行する証明書、裁判所の保護命令に係る書類や公的機関の書類も婦人相談所の発行する証明書と同様な扱いとすることができます。

Q69 一時避難後の住宅の確保についてはどんな支援がありますか。

Ans.

住まいの確保は、自立していくうえで生活の基盤となりとても重要です。福祉事務所の婦人相談員や母子・父子自立支援員などから情報を得て、住宅を探すことになります。

被害者のための住宅の支援については、公営住宅、婦人保護施設、母子生活支援施設・その他の福祉施設、住宅確保要配慮者向け賃貸住宅などがあります。またひとり親家庭住宅支援資金貸付などもあります。

被害者の体調、子ども、仕事、加害者の追及など被害者の状況に配慮し、その意思を尊重しながら情報提供を行うことが大切です。

Q70 仕事を探したい場合、どんな支援がありますか。

Ans. DV被害者は、離婚が成立していなくても、実質的には母子家庭や寡婦としての支援が受けられます。

1　就労について

① ハローワーク（公共職業安定所）

国が総合的雇用サービス機関として、仕事を探している人に対して窓口での職業相談・職業紹介、求人情報の提供、雇用保険の給付等のサービスを無料で提供しています。

② マザーズハローワーク・マザーズコーナー

仕事と家庭を両立させたい人のために、子ども連れでも安心して、専属の就職支援ナビゲーターによる就職活動のサポートが受けられます。

③ 母子・父子・寡婦福祉協議会

母子家庭等就業・自立支援センター事業、職業紹介事業を実施しています。

2　職業訓練について

ハローワークでは、キャリアアップや希望する就職を実現するために、必要な職業スキルや知識を習得することができます。

① 「公共職業訓練」 主に雇用保険の失業給付を受けている人を対象にハローワークの受講指示を受けて入校します。

② 「求職者支援訓練」 職業訓練によるスキルアップを通じて早期再就職を目指すための制度で、離職して雇用保険を受給できない方、収入が一定額以下の在職者の方が、給付金を受給しながら訓

練を受講できます。

3 母子・父子家庭への支援策について

① 「母子家庭の母及び父子家庭の父の就業の支援に関する特別措置法」(平成24年)により、母子家庭の母又は父子家庭の父の就労を支援するため、母子・父子自立支援プログラムの策定や就労能力開発・資格取得のため一定の経費を支援する制度(自立支援教育訓練給付金・高等職業訓練促進給付金)が実施されています。

② 福祉事務所等に配置されている母子・父子自立支援員は、母子・父子家庭の相談、援助機関として、自立に必要な情報提供やハローワークなどとの連携した就労支援も行っています。

なお、地域の女性センターなどでも、就職に向けたパソコン講習や就職に必要な書類や面接についての講座を実施しているところがあります。問い合わせてみてください。

Q71 加害者がつきまとわないようにする方法はありますか。

Ans.

1　保護命令の内容

DV防止法では、配偶者からの身体に対する暴力を受けた被害者を保護するため、被害者からの申立により、地方裁判所が暴力を振るう配偶者（以下、加害者という）に対して次の保護命令を出すことができます。

① 被害者への接近禁止命令
② 電話等禁止命令
③ 被害者の子への接近禁止命令
④ 親族等への接近禁止命令
⑤ 住居からの退去命令

2　申立書

裁判所へ申し立てる際には、次のことを記載した申立書を提出しなくてはなりません。

① 暴力を受けた状況
② 配偶者暴力相談支援センター、警察に相談、支援を求めた状況

裁判所は迅速に審理を行い保護命令を決定し、このことを各都道府県警に送付します。警察は被害者に連絡を取り、必要な対応をします。保護命令違反には罰金が科せられます。

2021（令和3）年に終結した配偶者暴力等に関する保護命令事件（1,732件）のうち、保護命令が発令された件数は1,335件です。

なお、別居中や離婚後、加害者が被害者に「つきまとい等」を繰り返し行う「ストーカー行為」については、ストーカー規制法により、警告、禁止命令、処罰の対象となります。

コラム14

ストーカー規制法

「つきまとい」などストーカー行為等が、その相手方に不安を覚えさせ、生活の安全と平穏を害する行為であるとともに、次第に行為が悪質化して凶悪犯罪にまで発展しかねないものであり、犯罪等の被害の発生を防止する観点からストーカー行為等の規制を行うことを明らかにしたものです。

この法律は1999（平成11）年10月、女子大生が殺害された桶川ストーカー殺人事件を契機に議員立法により2000（平成12）年制定されました。

ストーカー行為を処罰する等必要な規制を行うとともに、その相手方に対する援助の措置等を定めることにより、個人の身体、自由及び名誉に対する危害の発生を防止し、あわせて国民の生活の安全等に資することを目的としています。

「つきまとい等」とは特定の者に対する恋愛感情等又はそれが満たされなかったことに対する怨恨の感情を充足する目的で、当該特定の者又はその家族や社会生活において密接な関係にある者に対して、別表の「つきまとい等」行為を行うこと、「ストーカー行為」とは、同一の

別表　つきまとい等

つきまとい・待ち伏せ・現に所在する場所、又は住居、勤務先、通常所在する場所（住居）の付近において見張り・うろつき、住居等へ押し掛け
監視していると告げる行為
面会や交際の要求
乱暴な言動
無言電話、連続した電話・文書・ファクシミリ・電子メール・SNS・文書等
汚物等の送付
名誉を傷つける
性的しゅう恥心の侵害
相手方の承諾を得ないで、GPS機器等を用いて位置情報を取得する行為
相手方の承諾を得ないで、相手方の所持する物にGPS機器等を取り付ける行為等

者に対し「つきまとい等」を繰り返して行うことをいいます。ストーカーに対しては、「警告」や「禁止命令」をすることができます。

また、警察は、ストーカー行為等を受けている人から援助を受けたい旨の申し出があれば、自衛策の教示など必要な援助を行うこととなっています。

禁止命令等は、2016（平成28）年に警告前置の廃止及び緊急禁止命令等を新設した法改正がありました。その影響で2017（平成29）年以

ストーカー・配偶者からの暴力事案を始めとする

ストーカー対策の流れ

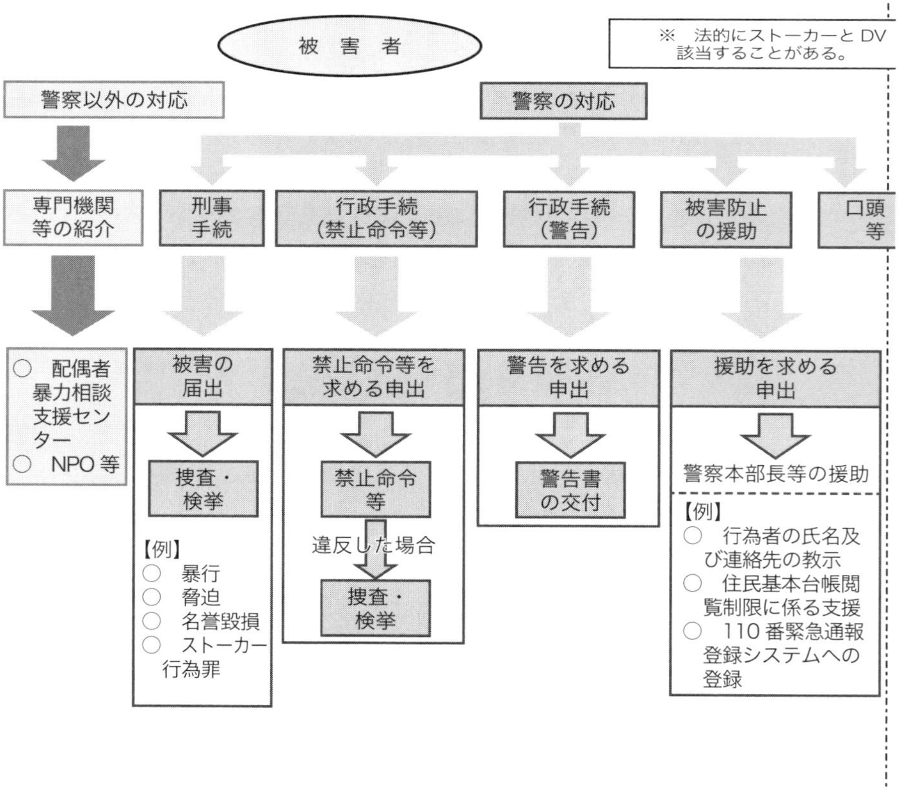

出典：警察庁ホームページ

降禁止命令等は急増し、2016（平成28）年173件から2022（令和4）年は約10倍の1,744件、うち緊急禁止命令等は946件と法施行後最多となっています。

罰則としては、ストーカー行為をした者は、1年以下の懲役又は100万円以下の罰金に、禁止命令等に違反してストーカー行為をした者は2年以下の懲役又は200万円以下の罰金に処せられます。

恋愛感情等のもつれに起因する暴力事案への対応

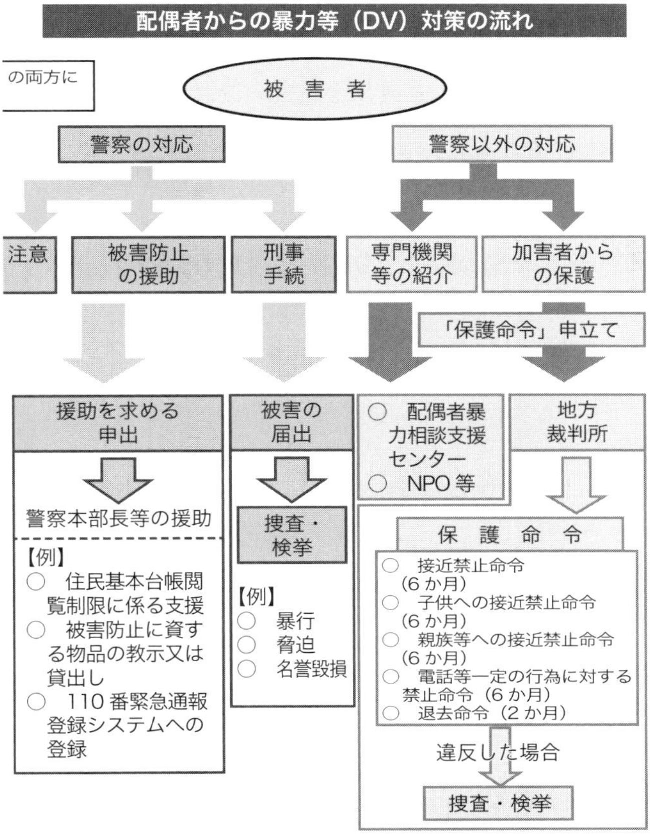

Q72 相手が離婚に応じない場合、どうしたら離婚できますか。

Ans. DVの加害者が、被害者からの離婚の申し出に応じることは、ほとんどの場合期待できません。自分に非があることを認めず、離婚の理由がないなどと主張します。当事者の話し合いによるいわゆる協議離婚が成立することは大変困難です。

さらに暴力を振るう配偶者から逃げている場合、被害者が加害者と二人だけで話し合うことは危険な場合もあります。

話し合いによる離婚が成立しない場合、離婚手続きの流れは次の通りとなります。

① 家庭裁判所へ離婚調停を申し立てます。合意ができた場合は離婚が成立します。

② 合意ができなかった場合、家庭裁判所が相当と認めるときは、職権で離婚の審判をすることができます。2週間以内に異議申立てがあれば審判は効力を失うため、実際には事例は多くありません。

③ ①、②によっても離婚が成立しない場合は、家庭裁判所の裁判による離婚になります。

離婚が認められるのは、次の5つの離婚原因によることとされています。

ア　配偶者の不貞

イ　悪意の遺棄

ウ　3年以上の生死不明

エ　強度の精神病にかかり、回復の見込みがない

オ　その他婚姻を継続し難い重大な事由があるとき

DVの場合は、主にオに該当することになります。裁判では、DVの証拠として、医師の診断書や、被害を受けた時の写真、メールや電話、メモ・日記等を残しておくことが重要です。

Q73 離婚の手続きはどのように進めますか。

Ans. 離婚の手続きは国によって異なります。日本では、法律上の離婚原因に該当していなくても、お互いが合意さえすれば離婚できるシステムになっています。この協議離婚と裁判所が関与する離婚があります。全体の約9割が二人の話し合いで成立する協議離婚です。協議離婚は、市役所等に離婚届（成年の証人2名の押印必要）を提出すれば成立します。

夫婦が合意できない場合は、家庭裁判所に離婚調停を申し立てます。調停委員を交えての話し合いで双方の離婚条件がまとまれば、調停離婚が成立します。

調停で話し合いがまとまらなかった場合は、家庭裁判所に離婚訴訟を提訴します。離婚訴訟中に協議がまとまった場合は和解離婚となります。まとまらない場合は、裁判離婚になります。

離婚の際は、財産分与のほか、親権を行使すべき子どもがいれば、親権の問題・子どもとの面会交流・養育費、などについて合意しなければなりません。協議離婚の場合はこれらを決めずに成立してしまうことが多くあります。この協議の場合、弁護士が裁判提訴の場面だけでなく、交渉代理人という大事な役割を果たしてくれます。なお、裁判費用や弁護士紹介については、法テラス（日本司法支援センターの愛称。2006（平成18）年に国が設置。）などの支援があります。

Q74 離婚時に決めておくべきことはどんなことがありますか。

Ans. 離婚する際に決めておくべきことは、二人で築いた財産を分ける（財産分与）、また未成年の子どもがいる場合は、親権[*]、監護教育権[**]、養育費、子どもとの面会交流などがあります。子どもの親権等を決める場合、子どもの意思、子どもの最善の利益を考慮することが大切です。これらを決めないまま離婚すると不利益やもめ事の原因となることがあります。

築いた財産が対象で、これを夫婦の共有財産といいます。したがって、親の遺産や親から譲られた財産は対象外です。しかし、一方の配偶者名義の不動産であっても、結婚後ローンを組んで購入したなどの場合は夫婦の共有財産になります。

財産分与の割合は2分の1です。

自分名義の財産がなく、就業経験も浅い方にとっては、離婚後の生活に経済的な不安は大きいと思います。結婚生活が長いほど、再出発にあたって共有財産があるかどうかを確認し、財産分与を受けることが重要です。

ミニ知識

＊民法（第818条）では、成年に達しない子は、父母の親権に服すると定め、親権の内容として監護教育権、職業許可権、財産管理権及び代表権が挙げられています。

＊＊監護教育権は、子どもの身の回りの世話や教育をする権利のことです。親権を行う者は、子の利益のために監護教育をする権利があり、義務を負うとしています（第820条）。

離婚の際、親権者と別に監護者を分ける場合もあります。

コラム15

離婚に伴う養育費

我が国の離婚の約９割は当事者間の協議で成立する協議離婚です。協議離婚時に未成年の子がいる場合は、父母のどちらが親権を行うか届出ることになっています。

あわせて、面会交流及び養育費の分担など子の監護に必要な事項について父母の協議で定めることとして、それぞれ、

□　取り決めをしている

□　まだ決めていない

のどちらかにチェックして届け出ることになっています。チェックするだけです。

ひとり親家庭で養育費を受け取っていない子どもの割合は、母子世帯で69.8%、父子世帯で90.2%（2016（平成28）年度）です。

近年、子どもの貧困、とりわけひとり親家庭の貧困が問題視される中で、本来負担すべき養育費の不払解消が取り上げられるようになりました（「養育費の確保に関する取組状況について」内閣府2022（令和4）年3月28日）。

○2023（令和5）年の通常国会を目途に、養育費確保のための裁判手続きに関するひとり親家庭の負担軽減の観点から、民事基本法制の見直し（法務省）などの検討が進められています。

○今後の取り組みの方向性ないしは課題の事例

・養育費を負担することは子どものために果たすべき義務である、との意識が弱く、「払ってやる」という姿勢の非監護親が多いので、意識改革が必要です。

・元配偶者とのやり取りの精神的な負担が大きく、相手の給与からの天引きや、行政による取立てや立替えなど、元配偶者と接触しない形での支払いを求める声が多くあります。

第Ⅶ章

援助者の関わり方について

Q75 DVについて打ち明けられた際の対応について教えてください。

Ans. 被害者にとって、他人に打ち明けることは、勇気のいることです。被害者の気持ちを受け止め、よく話を聴くようにします。被害者は、これまでに受けた暴力による恐怖や苦しみから、話が混乱したり、感情的になったりする場合もあります。「あなたにも悪いところがある」「子どものことを考えないのか」など批判や決めつけたりすると被害者は心を閉ざし、相談することを止めてしまうこともあります。暴力の問題が世間に知られるのを恐れてもいます。プライバシーの保護にも最新の注意が必要です。たとえ、被害者の親族や親しい友人であっても、被害者が望まないことは話さないようにしてください。その上で、DVの専門相談機関であるDV相談支援センターに相談するようアドバイスしてください。

Q76 被害者にどんなアドバイスをしたらいいですか。

Ans. まず、話をよく聴き、被害者の気持ちを受け止めてください。孤立しがちな被害者にとって、身近で、自分の気持ちを話せる相手は貴重な存在です。話を聞く中でDVは犯罪ともなる行為で、被害者は悪くないこと、被害者を保護するためのDV防止法があり、相談や一時保護、自立の支援などを行うDV相談支援センターがあることなどを伝えてください。

特に暴力の危険が大きい場合には、身の安全を優先しなければなりませんので、逃げること、安全に一時保護をしてもらえる場所について、上記センターなどの専門機関に相談することを勧めてください。

当面、暴力の危険が大きくない場合は、アドバイスを押し付けるのではなく被害者自身が自分の考えをまとめられるよう情報提供などを行ってください。支援者であっても、一方的にアドバイスをすることは、長年、加害者が行ってきたこととあまり違いがなく、被害者の自立につながりません。時間がかかっても、結論を出すのは被害者自身です。

Q77 「今度、暴力を振るわれたら家を出よう」と思っている被害者にどんな助言をすればいいですか。

Ans. 「今度、暴力を振るわれてから」ではなく、家を出てからどうしたいか、暴力を振るわれる前に、ぜひ、専門の相談機関に相談するよう勧めましょう。いきなり家を出るのではなく、その前に、被害者が気持ちを整理することが大切です。

また、ただ逃げるだけではその後の生活の見通しが立たず、結局、配偶者の元に戻るだけになってしまうことにもなります。DV相談支援センターなどのDV専門の相談機関では被害者の状況に応じて、気持ちを整理する手伝いと、支援制度等の情報提供などをしています。匿名で相談できる電話相談もあります。「DV相談＋（プラス）」ではSNSでの相談も受けています。

相談を受ける際は秘密の保持、被害者は悪くないことを伝え、気持ちに寄り添いながら被害者が主体的に考えられるようアドバイスします。支援者が良かれと思ってアドバイスしても、命令されたように感じることもあります。できるだけ、相談者自身がどうしたいかということを言葉にしてもらうようにします。

家を出る場合ですが、多くの場合、加害者は執拗に後を追ってきます。家を出る際は、十分な準備をし、身の安全を確保してから出るよう助言してください。

Q78 夫婦双方を知っている場合、どのように関わったらいいですか。

Ans.

DVは単なる夫婦喧嘩とは異なります。相手を自分の思い通りにするために、時には犯罪となるほどのひどい身体的暴力や精神的暴力等を一方的に加えることがあります。親しい第三者が両方の言い分を聞いて仲介できることではありません。

多くの加害者は、家庭の外では巧妙に暴力を隠しているので、被害者から暴力の相談をされても、信じられないかもしれません。加害者に対し、話せばわかってもらえると思い、事実関係を確認したり、被害者から相談されたことを話したりすることは避けてください。

被害者が、他人に暴力のことを話したと知った加害者は、被害者に対する暴力を一層激しくする危険があります。また一方、被害者は、援助者が加害者と接触したことで、援助者に不信感を抱くこともあります。援助者は、被害者との信頼関係を保ち、被害者の立場に立って考え、行動することが大切です。

Q79 配偶者から離れて生活していても、精神的に不安定になっている被害者をどのように支援したらいいですか。

Ans. 被害者は暴力により体ばかりでなく、心にも相当のダメージを抱え、精神的に不安定になっている場合が多いのです。たとえ暴力から逃れ、恐怖がなくなった後も、心へのダメージは長く続きます。その場合は、一人で抱え込まず、カウンセリングを受けることを勧めてください。

一般に、心の問題の解決には精神科（心療内科、神経科、神経内科を含む）受診を勧めることになりますが、DVの場合、DV相談についての経験の深いDV相談支援センターや地域の保健所・保健センター、市区によっては女性センターなどに問い合わせてください。民間シェルターでの相談や自助グループへの参加を勧めることもよいかもしれません。いずれにしても被害者に適った場所を探すことがよい結果をもたらすことと思われます。

Q80 被害者と疑われる患者が診察に訪れた場合、医療関係者は何に配慮したらいいですか。

Ans. 様々な暴力を受けた結果、被害者が受診する可能性のある科目は外科、内科、整形外科、精神科など多科にわたります。受診時に被害者がDV被害であることを言わない、あるいは言えないことがあります。

その理由には、①暴力の恐怖から混乱していて話せない、②暴力被害と伝えたことが加害者に判ったとき何をされるか分からない、③加害者である配偶者が同行しているので内緒にしたい、④性暴力があり言いづらい、などが挙げられます。

こうしたことを踏まえ、診察時には、安心感の持てる対応で、配偶者を遠ざけ、被害者自身から丁寧に事情を聴くことが大切です。後の証拠保全のため診断書を提供できるようにしておきます。

加害者から身を隠す場合には、他所で医療が継続して受けられるよう医療機関を紹介するなどに配慮が必要です。

なお、被害者が支援機関に早くつながるよう「医師等はDV相談支援センター等に情報を提供するよう努めなければならない」と法に規定されています。DVに関する医療関係者の認識を深めるためには、前もって医療関係者を対象としたDVについての研修を実施するなど、医療機関全体での取り組みが重要です。医師、看護師だけでなく受付の担当者も含めた医療関係者全員の配慮が被害者支援につながります。

コラム16

医療関係者の責務

DV防止法は、暴力によって負傷し又は疾病にかかったと認められる人を発見した医師その他の医療関係者による通報（被害者の意思を尊重）を、努力義務として設けています（第6条第2項）。

そのことから、医療機関においても積極的に配偶者からの暴力に対する取り組みを実施することが望まれます。

なお、通報は職務上知り得た秘密を他に漏らすことを禁じた法令（守秘義務）には違反しないことも明文化されています（第6条第3項）。

また、医師その他の医療関係者は、暴力によって負傷し又は疾病にかかったと認められる人を発見したときは、その被害者に対し、DV相談支援センター等の利用についての情報を提供する努力義務も求められています（第6条第4項）。

Q81 家を出た被害者が加害者の元に戻りたがる場合、どう助言したらいいですか。

Ans. 被害者は、長い間加害者の顔色を見ながら生活してきたので、自分自身で考え決定することができないような状態に陥っていることがあります。また経済的不安などもあり、家を出たとしても心細く様々な迷いが生じます。

家を出た被害者の多くは、一度家を出ただけで、次のステップに進めるわけではなく、何度か家出を繰り返す場合があります。援助者にとっては、加害者の元に戻るべきではないと思っても、その結論を押しつければ、長年加害者が押しつけてきたことと同じになります。大事なのは、「決めるのは被害者自身」ということです。被害者を真ん中に置き、被害者が自分で決められるように、見守ることが大切です。

Q82 被害者が支援者に対して、攻撃的だったり、反発したりするときがあります。なぜですか。

Ans. 被害者は、家のなかで孤立した状況で加害者の度重なる様々な暴力に耐えてきています。そのため人が信じられなくなったり、コミュニケーションがうまくとれなくなっていたりします。

被害者の心身は常に身構えている状態で、緊張し、神経過敏になり、不眠や音に敏感、イライラしやすいなどの症状が見られます。このため、周囲の人の言動が、指示的・支配的と感じられると、たとえ支援者であっても「加害者」を連想し、攻撃的になることもあります。

また、今まで抑えられていた怒りや悲しみ、これからの生活への不安などで精神的に不安定になり、その感情が支援者に向けられることもあります。DVの被害者に限らず、強いストレスを伴うような出来事に巻き込まれた人に、後になって生じる状態です。

Q83 被害者に二次被害を与えないためには、どんなことに気をつけたらいいですか。

Ans.

二次被害とは、援助者の配慮に欠けた言動により、被害者にさらに精神的被害を与えることを指しています。例えば、「……しなさい」「……するべきです」などの言葉は、被害者の意思を尊重せずに、援助者個人の価値観の押しつけや指示に従わない被害者を悪いと責めることにつながります。また「あなたにも悪いところがあったのではないか」「我慢が足りないのでは」という言葉も被害者を責めることになります。

「心配しなくても大丈夫」といった安易な気休めも被害者を傷つけることになります。被害者は、耳を傾けてもらえなかった経験が多いため、援助者の言動には非常に敏感になっています。

援助者は、「DVとは、社会的、歴史的な男女の関係の中で、夫が妻を身体的、精神的、性的、経済的な暴力を加えるなどして支配下に置くことを指し、そのことが女性に対する暴力なのだ」との認識を持ち、被害者の話によく耳を傾けることが大切です。

Q84 援助者が心身の健康を保つために気をつけることは何ですか。

Ans. DVは重い課題なので、援助者自身の心身の健康にも影響を与えます。援助者自身が安定した状態を保てないとよい援助ができません。援助者は自分の心身の健康状態に留意すると同時に、所属する組織も援助者の健康を保つための対策が必要不可欠です。

1　援助者への影響

①　バーンアウト（燃え尽き症候群）

被害者の支援には時間がかかります。本人の意思に沿って援助したはずなのに、相談の中断や加害者の元への帰宅を繰り返されたりすると、援助者は無力感を感じ、援助の意欲を失うことがあります。さらに、心身ともに疲れ果て、体調を崩すこともあります。これをバーンアウト（燃え尽き症候群）と言います。

これは被害者の問題を何とかしたいという援助者の気持が、被害者自身の意思より強くなってしまった状態で、仕事と個人的な思いが区別できなくなっている時に陥りやすい症状です。

②　二次受傷・代理受傷

相談者の話を聴いていると、援助者自身が被害を受けているような強い恐怖や、加害者に対する激しい怒りを感じ、自分の感情をコントロールできなくなる場合があります。これを二次受傷又は代理受傷と言います。被害者と同じような症状がみられることもあります。援助者の心身の状態が十分に安定していない場合、特に反応が起きやすいと言われています。

2　援助者への支援

個人的レベルでの対応

① 自分の気持ちを明かし、悩みや苦悩を打ち明けられる人が身近にいること

② 休暇をとったり、趣味の会に参加するなど、気分転換を図ったり、リラックスする方法を工夫すること

③ 自分の身体・精神の変化に敏感であること

④ カウンセリングなどのケアを受けること

組織的レベルでの対応

① スーパーバイザー（援助者のための援助者）を設置すること

② 外部の専門家を招いた学習機会の充実やケース検討会を実施すること

③ 自主研究グループを設置すること

④ 単独で対応しない仕組みを作ること

⑤ 人的・環境的整備を図ること

⑥ 関係機関と連携をとること

第Ⅷ章

DVに関わる相談支援機関が増えています

Q85 DV相談支援窓口には、どんなところがありますか。

Ans. 都道府県には、DV防止法に基づき、配偶者からの暴力の防止及び被害者の保護のため、相談、一時保護、カウンセリング、情報提供などの業務を行うDV相談支援センターが必ず設置されています。このセンターは、市区町村でも設置が進んでいます。ただし、一時保護については婦人相談所が自ら行うか厚生労働省の基準を満たす者に委託して行います。

この他、警察、福祉事務所、婦人相談員、母子・父子自立支援員、男女共同参画センター、民間シェルターなどがあり、連携して相談支援を行っています。

今差し迫って命に危険がありそうな場合は、すぐに警察に相談してください。心理的相談については、DV相談支援センター、保健所・保健センター、医療機関などの専門機関があります。子どもの問題を相談したい場合には、児童相談所や子ども家庭支援センターなどがあります。それ以外にも、身近な地域の民生委員などに相談することができます。

また相談窓口には、DV相談＋（プラス）があります。電話相談のほか、メールやSNSによる相談も行っています。10言語の外国語相談（SNS相談）にも対応しています。

Q86 相談機関の利用方法と利用する際用意することを教えてください。

Ans. DVに関する相談は、DV相談支援センターなどの専門相談機関に相談します。しかし、差し迫って命の危険がある場合には、警察に相談してください。

相談には、電話相談と面接相談、最近ではインターネットによる相談を行っているところもあります。初めて相談する場合は、まずは、電話で相談機関に相談してみます。電話相談は、どこからでも匿名で相談できます。面接相談は、相談員と向き合いじっくり相談できるメリットがありますが、予約制、曜日限定などの制約がある場合もあります。インターネットによる相談は、いつでも相談できますが、すぐに回答がもらえるとは限りません。

それぞれメリット、デメリットがありますが、相談しやすいと思う相談機関に相談してください。相談内容によっては、より適切な相談機関を紹介されることもあります。

ただし、一時保護などの行政サービスについての相談は、自治体によって異なる場合があるので、お住いの地域の相談機関に相談してください。

相談機関を利用するには、何も用意しなくても相談できますが、相談機関に相談する前に、あれば暴力を受けたときのメモや日記、医療機関の受診記録・診断書などを用意すると、被害者の状況について相談機関の理解が得られやすく、より適切なアドバイスが受けられるようになります。

Q87 DV相談支援センターとは？

Ans. DV相談支援センターは、DV防止法に基づき、配偶者からの暴力の防止及び被害者の保護に関わる専門相談機関として、都道府県や市区町村が設置しています。2023（令和5）年4月1日現在、全国に311箇所（うち市区町村設置主体は138箇所）あります。

被害者の様々な相談に応じ、もしくは他の相談機関を紹介し、心身の健康の回復のため医学的、心理学的な指導等を行い、緊急時における安全の確保や一時保護も行います。また、被害者が自立して生活していけるよう就業、住宅、援護等の制度について、情報の提供や助言、関係機関との連絡調整その他の援助を行っています。

都道府県では婦人相談所がその機能を果たしてきました。困難女性支援法が施行されることに伴い、2024（令和6）年4月からは、名称変更した女性相談支援センターがその機能を果たしていきます。その他女性センターや福祉事務所、児童相談所などがその機能を果たしているところもあります。

被害者の保護のためには、DV相談支援センター、警察、福祉事務所、児童相談所その他の都道府県や市区町村の関係機関や民間団体が、連携を図りながら協力することが求められています。

Q88 婦人相談所とは？

Ans.

婦人相談所は、1956（昭和31）年に制定された売春防止法に基づき都道府県が設置すべき施設で、売春を行うおそれのある女子を、処罰するのではなく、保護更生を図るために必要な業務を行う機関として発足しました。その後、保護対象者は徐々に拡大され、「売春するかもしれない女性」を含め、様々な女性の相談に応じてきました。

婦人相談員をはじめ、医師や看護師、心理職などの専門職を配置し、婦人保護に関する事業を実施する中枢機関として、福祉事務所など関係機関と連携協力の上、様々な活動や事業を実施しています。

具体的には、婦人保護事業に関する啓発活動や各種相談に応じるとともに、調査や医学的・心理学的及び職能的判定の実施や必要な指導のほか、保護が必要な女子の一時保護を行っています。

2002（平成14）年4月からは、DV防止法に基づくDV相談支援センターとしての機能を果たすこととなり、配偶者からの暴力の防止と被害者の保護のための業務を開始し、DV相談の中核施設としても機能してきました。

また、婦人相談所と婦人保護施設、婦人相談員は、緊密に連携・協働しながら、女性の自立支援のための活動を続けています。婦人相談所・福祉事務所等に配置されている婦人相談員は、地域の最前線で、多種多様で複合的な相談に応じ、女性を支援し、婦人保護施設は様々な困難を抱える女性を保護しています。

なお、2022（令和4）年5月、困難女性支援法が成立し、婦人相談所は、2024（令和6）年4月から売春防止法に基づく施設ではなく、新たに困難な問題を抱える女性への支援業務を行う女性相談支援センターになります。日常生活、社会生活を営むに当たり、女性であることにより様々な困難に直面する人を支援していきます。

Q89 女性相談支援センター（旧婦人相談所）とは？

Ans. 2022（令和4）年5月、困難女性支援法が成立し、2024（令和6）年4月から施行され、困難な問題を抱える女性への支援業務を行う女性相談支援センターが、都道府県に設置されることになりました。なお、指定都市も設置することができます。日常生活、社会生活を営むに当たり女性であることにより様々な困難に直面する女性を支援していくことになります。

女性相談支援センターは、

○　当事者の立場に立った相談対応や、相談を行う機関の紹介

○　当事者及び同伴家族の安全確保・一時保護

○　心身の健康回復を図るための、医学的又は心理学的な援助等

○　当事者の自立を促進するための情報提供、助言、関係機関との連絡調整その他の援助

○　施設の利用に関する情報提供、助言、関係機関との連絡調整その他の援助

を行っていきます。

1956（昭和31）年に制定された売春防止法に基づき設置されていた婦人相談所は、今後は、困難女性支援法に基づく女性相談支援センターとして、様々な困難を抱える女性の支援を行っていきます。

なお、困難な問題を抱える女性の支援にあたっては、これからも女性自立支援施設や女性相談支援員等と連携していくとともに、独自の支援を実施している民間団体等と協働していくことも求められています。

Q90 女性相談支援員（旧婦人相談員）とは？

Ans.

2022（令和4）年5月、困難女性支援法が成立し、2024（令和6）年4月から施行され、都道府県及び女性相談支援センターを設置する指定都市は、困難な問題を抱える女性への支援を行う女性相談支援員を置くことになりました。市区町村は女性相談支援員を置くよう求められています。

女性相談支援員は、

○ 丁寧な聞き取りにより、問題・状況を把握し、支援対象者の意思決定を支援すること
○ 必要に応じて、関係機関と連絡調整すること
○ 最も身近に相談できる支援機関に属する者として、支援への入り口の役割を果たすこと
○ 児童福祉、母子福祉、障害者福祉、高齢者福祉、生活困窮者支援、生活保護等の実施機関と連携して各種手続きに関する支援等を実施することにより、当事者を適切な支援に繋げること

を行っていきます。

1956（昭和31）年に制定された売春防止法に基づき委嘱されていた婦人相談員は、今後は、困難女性支援法に基づく女性相談支援員として、様々な困難を抱える女性の自立支援を行っていきます。なお、女性相談支援員の任用にあたって、その職務を行うのに必要な能力及び専門的な知識経験を有する人材として、その登用に特に配慮しなければならないと、法に明記されました。

Q91 女性自立支援施設（旧婦人保護施設）とは？

Ans. 2022（令和4）年5月、困難女性支援法が成立し、2024（令和6）年4月から施行されます。都道府県は、困難な問題を抱える女性を入所させ、保護を行い、心身の健康の回復を図るための医学的又は心理学的な援助を行い、自立の促進のために生活を支援し、あわせて退所した後にも相談その他の援助を行うこと（これを「自立支援」といいます。）を目的とする女性自立支援施設を設置することができるようになりました。

都道府県は、女性自立支援施設における自立支援を、対象となる女性の意向をふまえながら、自ら行い、又は市町村、社会福祉法人その他適当と認める者に委託して行うことができます。

1956（昭和31）年に制定された「売春防止法」に基づき設置されていた婦人保護施設は、今後は、困難女性支援法に基づく女性自立支援施設となり、様々な困難を抱える女性の自立支援を行っていきます。

2022（令和4）年4月1日現在、婦人保護施設が設置されていない県が全国に7つあります。国の基本方針において、「困難女性支援法では必置とされていないが、困難な問題を抱える女性が中長期に滞在できる落ち着いた環境で心身の健康の回復を図り、個々の自立に向けた準備をするための重要な機関であり、各都道府県に設置されることが望ましい。」と明記されています。

これからも女性相談支援センターや女性相談支援員等と連携・協働していくこととなります。

Q92 女性センターとは?

Ans. 地域によって、施設の名称は様々ですが、都道府県、市区町村等が自主的に設置している女性のための総合施設です。

「女性問題の解決」「女性の地位向上」「女性の社会参画」を目的に、女性が抱える問題全般の情報提供、相談、研究などを実施しています。

具体的には、男女平等参画のための啓発パンフレットの発行や講座・講演会の開催、場の提供などを行うほか、相談事業などを実施しています。

女性センターの中には、DV相談支援センターに指定されているところもあり、DVや一時保護に関わる専門相談を受け付けています。

なお、DV相談支援センターに指定されていないセンターにおいても、DVに関する相談について情報提供は行っています。

Q93 DV相談＋（プラス）とは？

Ans.

2020（令和2）年、コロナ感染症の拡大に伴う生活不安やストレスによるDVの増加や深刻化が懸念されている状況においては、被害者が適切に相談窓口につながり、支援や保護を受けられること等が重要となりました。

しかし、既存の相談対応体制では十分な対応ができない可能性もあることから、内閣府は、同年4月20日から新たな相談窓口として、「DV相談＋（プラス）」を開設しました。

DV相談＋（プラス）では、多様なニーズに対応できるよう、下記のような相談を行っています。

・24時間対応の電話相談（電話番号0120－279－889）

・メール相談（24時間受付）

・SNS相談（毎日12時～22時対応）

・外国語相談（SNS相談、24時間受付、10言語に対応）

・WEB面談

また、相談にとどまらず、各地域の民間支援団体と連携し、くわしい話を聞いた上で、相談員が必要だと判断した場合は、同行支援や保護、緊急の宿泊提供にも対応しています。

Q94 母子生活支援施設とは?

Ans. 母子生活支援施設は、児童福祉法に基づいて設置された施設で、18歳未満の子どもを養育している母子家庭、又は何らかの事情で離婚していないなど母子家庭に準じる家庭の女性が、子どもと一緒に利用できる施設です。なお、特別の事情がある場合、子どもが満20歳になるまで利用できます。

1998(平成10)年の児童福祉法の改正で、母子寮から母子生活支援施設に名称が変更され、施設の目的に、保護するだけでなく、自立の促進のために生活を支援することが加わりました。2004(平成16)年の改正では、支援対象が退所した利用者にも拡大し、相談、その他の援助を行うこととなりました。

母子生活支援施設に入所するには、都道府県、市(特別区を含む)及び福祉事務所を設置する町村に、希望する施設等を申込みます。施設には、各母子世帯の居室のほかに、集会室や学習室等があります。

なお、DV防止法では、被害者の一時保護を委託する施設について規定していますが、母子生活支援施設もその一つとして位置づけられています。

Q95 児童相談所とは？

Ans.

児童相談所は、児童福祉法に基づいて、都道府県及び政令指定都市（中核都市、特別区は任意）に設置が義務づけられている、児童専門の行政相談機関です。

18歳未満の子どもに関する相談であれば、本人、家族、学校の先生、地域の方々など、誰でも相談できます。

〈相談の内容〉

・保護者の病気、死亡、家出、離婚などの事情で子どもが家庭で生活できなくなったとき
・虐待など、子どもの人権に関わる問題があるとき
・わがまま、落ち着きがない、友達が出来ない、いじめられる、不登校、チック、夜尿症等があり心配なとき
・知的発達の遅れ、肢体不自由、言葉の遅れ、虚弱、自閉傾向などがあるとき
・家出、盗み、乱暴、性的非行、薬物の習慣など
・里親として家庭で子どもを育てたいとき

日本社会の変化とともに、児童相談所が関わる子どもたちの抱える問題も多様化してきていますが、現在は児童虐待を含む養護相談が最も多くなっています。

〈相談スタッフ〉

相談・援助には児童福祉司、児童心理司、医師などの専門スタッフが当たります。

〈サービスの内容〉

助言、調査、医学・心理学的診断等、継続的な指導・援助、一時保護、施設での生活、里親への委託などのサービスを行っています。

このほか市町村への援助・指導を行うことや、親権者の親権喪失や親権停止の宣言請求等を家庭裁判所に対して行うことができます。

なお、子どものいる家庭で行われるDVは、子どもの成長に重大な影響を及ぼすものであり、子どもに対する心理的虐待と定義され、婦人相談所との連携強化が求められています。

Q96 福祉事務所とは？

Ans.

福祉事務所は、社会福祉法に基づいて、都道府県及び市（特別区を含む。）が、条例に基づき設置すべきとされる福祉に関する事務所です。町村は、任意で設置することができます。

生活保護法に基づく保護をはじめ、福祉六法（生活保護法、児童福祉法、母子及び父子並びに寡婦福祉法、老人福祉法、身体障害者福祉法、知的障害者福祉法）を所管する福祉に関する総合相談窓口として、様々な相談に応じ、支援を行っています。地域には、その地域を所管する福祉事務所が必ずあります。ただし、2003（平成15）年以降は、町村に移譲された事務があるので、都道府県の福祉事務所は、福祉三法（生活保護法、児童福祉法、母子及び父子並びに寡婦福祉法）を所管することとなりました。

面接相談員や自力更生を指導するソーシャルワーカー、専門的に助言や指導を行う身体障害者福祉司、母子自立支援員、婦人相談員等が、生活に困窮している人、児童、母子等の家庭、障害者、高齢者などに対して、生活保護の実施や各種の在宅サービスや施設入所等の相談や指導を行っています。

福祉事務所は、被害者の自立を支援するために必要な措置をとるよう努めなければならない、とDV防止法に明記されています。

福祉事務所を利用する際は、住民登録上の住所にこだわらず、現在実際に住んでいる地域の福祉事務所を選んでください。

Q97 保健所・保健センターとは？

Ans. 保健所は、地域保健法に基づいて、公衆衛生の向上と健康の保持・増進を図るために、都道府県、政令市、特別区などが設置しています。

地域保健の広域的・専門的・技術的活動の拠点として、医師をはじめ保健師や栄養士、薬剤師や食品監視員、環境監視員など多くの専門職が配置され、難病対策、感染症対策、母子保健や精神保健福祉の専門サービス、食品衛生や環境衛生等、暮らしの衛生に関わる事業を実施するとともに、情報の収集、整理、調査、研究、企画調整等の業務を行っています。

新型コロナウィルス感染症への対応でも、中心的役割を担ってきました。

また、市町村には地域保健活動の拠点として、保健センターがあり、身近で利用頻度の高い保健サービスを提供しています。成人の健康、母と子の相談、心の健康、難病、在宅療養の問題には、担当地域の保健センターの専門職員が相談に応じています。

保健所と保健センターはともに連携し、地域住民の健康の保持及び増進を図っています。

DVに関しては、被害者はもとより家族も含めた健康問題、その他の様々な問題も関係しており、DV相談支援センター、福祉事務所、医療機関などは、保健所や保健センターと連携して支援することが大切です。

Q98 日本司法支援センター（通称：法テラス）とは？

Ans. 法テラスは、どこでも法的なトラブルの解決に必要な情報やサービスの提供を受けられるようにしようという構想のもと、2006（平成18）年4月、国によって設立された公的な法人です。借金や離婚、相続問題など、どこに相談してよいかわからない、あるいは経済的な理由で専門家に相談できない等について支援します。

1　主な業務

(1)　情報提供

①　法制度に関する情報と相談機関・団体等（弁護士会、司法書士会、地方公共団体の相談窓口等）に関する情報を無料で提供します。

②　様々な法的なトラブルの問い合わせを受け付けています。

・法テラス・サポートダイヤル　0570－078374　　相談料無料
平日　9:00～21:00　土曜　9:00～17:00（日曜日・祝日は除く）
メールでの問い合わせ（24時間）

・地方事務所　　面談・電話での問い合わせを受け付け
アクセス方法、受付日時等は利用される地方事務所もしくは法テラス・サポートダイヤルで確認

(2)　民事法律扶助

経済的に余裕のない方などが法的トラブルにあったときに、無料で法律相談を行い、必要な場合、弁護士・司法書士の費用等を立て替えます。

⑶ 犯罪被害者支援

犯罪被害にあわれた方や家族の方など、そのとき最も必要な支援が受けられるよう、法制度に関する情報を提供します。

・犯罪被害者支援ダイヤル　　0120－079714

平日　9:00～21:00　土曜　9:00～17:00

⑷ 国選弁護等関係業務

国選弁護人になろうとする弁護士との契約、国選弁護人候補の指名及び裁判所への通知、国選弁護人に対する報酬・費用の支払いなどを行います。

⑸ 司法過疎対策

身近に法律家がいない、法律サービスへのアクセスが容易でない司法過疎地域の解消のために法テラスの「地域事務所」設置等を行います。地域事務所では法テラスに勤務する弁護士が常駐し、気軽に相談や依頼ができる頼りがいのある事務所運営を心がけています。なお、経済的に余裕のない方は、法テラスの行っている民事法律扶助を利用できます。

2　設立以来の利用件数（2020（令和2）年3月末現在）

法テラス・サポートダイヤル	448万件余
民事法律扶助の無料法律相談	351万件余
弁護士・司法書士費用などの立替件数	146万件余

資料編

1　配偶者暴力相談支援センターの機能を果たす施設一覧

令和５年７月３日現在
313か所（うち市町村設置主体：140か所）

※電話番号については、相談専用の電話がある場合には相談電話番号を、ない場合は代表番号を載せています。施設によって相談受付時間等が異なっておりますので、各施設にお問い合わせください。

都道府県名	市区町村名	支援センター名	電話番号（相談用）
【北海道・東北地方】			
北海道		北海道立女性相談援助センター	011-666-9955
		北海道環境生活部くらし安全局	011-221-6780
		北海道石狩振興局	011-232-4760
		北海道渡島総合振興局	0138-47-5789
		北海道檜山振興局	0139-52-5785
		北海道後志総合振興局	0136-22-5838
		北海道空知総合振興局	0126-25-5648
		北海道上川総合振興局	0166-46-5081
		北海道留萌振興局	0164-43-0011
		北海道宗谷総合振興局	0162-33-3399
		北海道オホーツク総合振興局	0152-45-0500
		北海道胆振総合振興局	0143-22-5286
		北海道日高振興局	0146-22-2921
		北海道十勝総合振興局	0155-26-9029
		北海道釧路総合振興局	0154-41-1110
		北海道根室振興局	0153-24-5756
	札幌市	札幌市市民文化局市民生活部男女共同参画室男女共同参画課	011-211-3333
	札幌市	札幌市配偶者暴力相談センター	011-728-1234
	函館市	函館市配偶者暴力相談支援センター	0138-21-3010
	旭川市	旭川市配偶者暴力相談支援センター	0166-25-6418
	苫小牧市	苫小牧市配偶者暴力相談支援センター	0144-84-8985
青森県		青森県女性相談所	017-781-2000
		青森県男女共同参画センター	017-732-1022
		青森県東青地域県民局地域健康福祉部福祉総室	017-734-9951
		青森県中南地域県民局地域健康福祉部福祉総室	0172-33-3211
		青森県三八地域県民局地域健康福祉部福祉総室	0178-27-4435
		青森県西北地域県民局地域健康福祉部福祉こども総室	0173-35-2156
		青森県上北地域県民局地域健康福祉部福祉こども総室	0176-62-2145
		青森県下北地域県民局地域健康福祉部福祉こども総室	0175-22-2296

都道府県名	市区町村名	支援センター名	電話番号（相談用）
	青森市	青森市配偶者暴力相談支援センター	017-734-5318
	八戸市	八戸市配偶者暴力相談支援センター	0178-38-0703
岩手県		岩手県福祉総合相談センター	019-629-9610 （平日・夜間）、 019-629-4152 （土日祝）
		盛岡広域振興局保健福祉環境部	019-629-6568
		県南広域振興局保健福祉環境部	0197-22-2862
		県南広域振興局保健福祉環境部花巻保健福祉環境センター	0198-22-4921
		県南広域振興局保健福祉環境部一関保健福祉環境センター	0191-26-1415
		沿岸広域振興局保健福祉環境部	0193-25-2702
		沿岸広域振興局保健福祉環境部宮古保健福祉環境センター	0193-64-2213
		沿岸広域振興局保健福祉環境部大船渡保健福祉環境センター	0192-27-9913
		県北広域振興局保健福祉環境部	0194-53-4982
		県北広域振興局保健福祉環境部二戸保健福祉環境センター	0195-23-9202
		岩手県男女共同参画センター	019-606-1762
	盛岡市	もりおか女性センター	019-604-3304
宮城県		宮城県女性相談センター	022-256-0965
	仙台市	仙台市配偶者暴力相談支援センター	022-268-5145 （仙台市「女性への 暴力相談電話」）
	石巻市	福祉部虐待防止センター	0225-23-6614
秋田県		秋田県女性相談所	018-835-9052、 0120-783-251 （県内の固定電話 のみ通話可）
		秋田県北福祉事務所	0186-52-3951
		秋田県山本福祉事務所	0185-55-8020
		秋田県中央福祉事務所	018-855-5171
		秋田県南福祉事務所	0182-32-3294
		秋田県中央男女共同参画センター	018-836-7846
山形県		山形県女性相談センター（山形県中央配偶者暴力相談支援センター）	023-627-1196
		山形県村山総合支庁保健福祉環境部生活福祉課（山形県村山地域配偶者暴力相談支援センター）	0237-86-8212
		山形県最上総合支庁保健福祉環境部子ども家庭支援課（山形県最上地域配偶者暴力相談支援センター）	0233-29-1274
		山形県置賜総合支庁保健福祉環境部子ども家庭支援課（山形県置賜地域配偶者暴力相談支援センター）	0238-26-6027
		山形県庄内総合支庁保健福祉環境部子ども家庭支援課（山形県庄内配偶者暴力相談支援センター）	0235-66-4759

都道府県名	市区町村名	支援センター名	電話番号（相談用）
福島県		福島県女性のための相談支援センター	024-522-1010
		福島県男女共生センター	0242-23-8320
		福島県県北保健福祉事務所	024-534-4118
		福島県県中保健福祉事務所	0248-75-7809
		福島県県南保健福祉事務所	0248-22-5647
		福島県会津保健福祉事務所	0242-29-5278
		福島県南会津保健福祉事務所	0241-63-0305
		福島県相双保健福祉事務所	0244-26-1134
	郡山市	郡山市こども部こども家庭支援課こども家庭相談センター	024-924-3341
【関東地方】			
茨城県		茨城県女性相談センター	029-221-4166
	水戸市	水戸市配偶者暴力相談支援センター	029-232-9111
	古河市	古河市配偶者暴力相談支援センター	0280-92-7209
栃木県		とちぎ男女共同参画センター	028-665-8720
	宇都宮市	宇都宮市配偶者暴力相談支援センター	028-635-7751
	日光市	日光市配偶者暴力相談支援センター	0288-30-4140
	小山市	小山市配偶者暴力相談支援センター	0285-22-9602
	栃木市	栃木市配偶者暴力相談支援センター	0282-21-2218
群馬県		群馬県女性相談センター	027-261-4466
	前橋市	前橋市配偶者暴力相談支援センター	027-898-6524
	高崎市	高崎市配偶者暴力相談支援センター	027-381-6223
	安中市	安中市配偶者暴力相談支援センター	027-329-6646
	長野原町	長野原町配偶者暴力相談支援センター	0279-82-2422
	大泉町	大泉町配偶者暴力相談支援センター	0276-20-3988
	藤岡市	藤岡市配偶者暴力相談支援センター	0274-24-5110
	館林市	館林市配偶者暴力相談支援センター	0276-47-5176
埼玉県		埼玉県婦人相談センター	048-863-6060
		埼玉県男女共同参画推進センター	048-600-3800
	さいたま市	さいたま市DV相談センター	048-762-3880
	川越市	川越市配偶者暴力相談支援センター	049-224-5723
	越谷市	越谷市女性・DV相談支援センター	048-963-9176
	熊谷市	熊谷市配偶者暴力相談支援センター	048-599-0015
	川口市	川口市配偶者暴力相談支援センター　川口市女性総合相談	048-299-8162
	所沢市	所沢市配偶者暴力相談支援センター	04-2998-9150
	飯能市	飯能市配偶者暴力相談支援センター	042-978-5085
	本庄市	本庄市配偶者暴力相談支援センター	0495-25-1144
	東松山市	東松山市配偶者暴力相談支援センター	0493-81-5702

都道府県名	市区町村名	支援センター名	電話番号（相談用）
	上尾市	上尾市男女共同参画推進センター	048-778-5110
	草加市	草加市配偶者暴力相談支援センター	048-922-3562
	蕨市	蕨市配偶者暴力相談支援センター	048-433-7745
	戸田市	戸田市配偶者暴力相談支援センター	048-299-5886
	朝霞市	朝霞市配偶者暴力相談支援センター	048-463-0356
	志木市	志木市配偶者暴力相談支援センター	048-473-1139
	八潮市	八潮市配偶者暴力相談支援センター「八潮市DV相談支援室」	048-996-3955
	吉川市	吉川市配偶者暴力相談支援センター	048-982-5968
	ふじみ野市	ふじみ野市配偶者暴力相談支援センター	049-262-9025
	鶴ヶ島市	鶴ヶ島市役所健康福祉部こども支援課	049-298-7716
	深谷市	深谷市配偶者暴力相談支援センター	048-574-6643
	三郷市	三郷市配偶者暴力相談支援センター	048-930-7834
	富士見市	富士見市配偶者暴力相談支援センター	049-293-7260
千葉県		千葉県女性サポートセンター	043-206-8002
		千葉県習志野健康福祉センター	047-475-5966
		千葉県市川健康福祉センター	047-377-1199
		千葉県松戸健康福祉センター	047-361-6651
		千葉県野田健康福祉センター	04-7124-6677
		千葉県印旛健康福祉センター	043-483-0711
		千葉県香取健康福祉センター	0478-52-9310
		千葉県海匝健康福祉センター八日市場地域保健センター	0479-73-2321
		千葉県山武健康福祉センター	0475-54-2388
		千葉県長生健康福祉センター	0475-22-5565
		千葉県夷隅健康福祉センター	0470-73-0801
		千葉県安房健康福祉センター	0470-22-6377
		千葉県君津健康福祉センター	0438-22-3411
		千葉県市原健康福祉センター	0436-21-3511
		千葉県男女共同参画センター	04-7140-8605
	千葉市	千葉市配偶者暴力相談支援センター	043-245-5110
	船橋市	船橋市女性相談室	047-431-8745
	市川市	市川市男女共同参画センター	047-323-1777
	野田市	野田市児童家庭部子ども家庭総合支援課	04-7125-9119
	我孫子市	我孫子市社会福祉課	04-7185-1113
東京都		東京都女性相談センター	03-5261-3110
		東京都女性相談センター多摩支所	042-522-4232
		東京ウィメンズプラザ	03-5467-2455
	千代田区	千代田区配偶者暴力相談支援センター	03-6272-3828

都道府県名	市区町村名	支援センター名	電話番号（相談用）
	港区	港区立子ども家庭支援センター（配偶者暴力相談支援センター）	03-5962-7215
	新宿区	新宿区配偶者暴力相談支援センター	03-5273-2670
	文京区	文京区配偶者暴力相談支援センター	03-5803-1945
	台東区	台東区配偶者暴力相談支援センター	03-3847-3611
	江東区	江東区配偶者暴力相談支援センター	03-3647-9551
	品川区	品川区配偶者暴力相談支援センター	03-5479-4104
	大田区	大田区配偶者暴力相談支援センター	03-6423-0502
	世田谷区	世田谷区配偶者暴力相談支援センター	0570-074740
	渋谷区	渋谷区IPV相談支援センター	03-6427-0680
	中野区	中野区配偶者暴力相談支援センター	03-3228-5556
	杉並区	杉並区配偶者暴力相談支援センター	03-5307-0622
	豊島区	豊島区配偶者暴力相談支援センター	03-6872-5250
	北区	北区配偶者暴力相談支援センター（機能整備）	03-3913-0015
	荒川区	荒川区配偶者暴力相談支援センター	03-3806-3075
	板橋区	板橋区配偶者暴力相談支援センター	03-5860-9510
	練馬区	練馬区配偶者暴力相談支援センター	03-5393-3434
	足立区	足立区配偶者暴力相談支援センター	03-3880-5297
	葛飾区	葛飾区配偶者暴力相談支援センター	03-5698-2211
	江戸川区	江戸川区配偶者暴力相談支援センター	03-5662-1526
神奈川県		神奈川県立女性相談所	－
		神奈川県立かながわ男女共同参画センター	0466-26-5550
	横浜市	横浜市DV相談支援センター	045-671-4275 045-865-2040
	川崎市	川崎市DV相談支援センター	044-200-0845
	相模原市	相模原市配偶者暴力相談支援センター	042-772-5990
【北陸・中部地方】			
新潟県		新潟県女性福祉相談所	025-381-1111
	新潟市	新潟市配偶者暴力相談支援センター	025-226-1065
	長岡市	長岡市配偶者暴力相談支援センター	0258-33-1233
富山県		富山県女性相談センター	076-465-6722
	高岡市	高岡市男女平等推進センター	0766-20-1811
石川県		石川県女性相談支援センター	076-223-8655
	金沢市	金沢市女性相談支援室	076-220-2554
福井県		福井県生活学習館	0776-41-7111 0776-41-7112
		福井県総合福祉相談所	0776-24-6261
		福井県福井健康福祉センター	0776-36-2857

都道府県名	市区町村名	支援センター名	電話番号（相談用）
		福井県坂井健康福祉センター	0776-73-0609
		福井県奥越健康福祉センター	0779-66-2076
		福井県丹南健康福祉センター	0778-51-0034 0778-22-4135
		福井県嶺南振興局二州健康福祉センター	0770-22-3747
		福井県嶺南振興局若狭健康福祉センター	0770-52-1300
山梨県		女性相談所	055-254-8635
		山梨県立男女共同参画推進センター	055-237-7830
長野県		長野県女性相談センター	026-235-5710
		長野県男女共同参画センター	0266-22-8822
	安曇野市	安曇野市配偶者暴力相談支援センター	0263-71-2227
岐阜県		岐阜県女性相談センター	058-213-2131
		岐阜地域福祉事務所	058-272-1111 （内線3234）
		西濃県事務所	0584-73-1111 （内線237）
		揖斐県事務所	0585-23-1111 （内線241）
		可茂県事務所	0574-25-3111 （内線245）
		東濃県事務所	0572-23-1111 （内線272）
		飛騨県事務所	0577-36-2531
		中濃県事務所	0575-33-4011 （内線258）
		恵那県事務所	0573-26-1111 （内線227）
静岡県		静岡県女性相談センター	054-286-9217
	静岡市	静岡市配偶者暴力相談支援センター	054-221-1274 （葵区） 054-201-9126 （駿河区） 054-354-2355 （清水区）
	浜松市	浜松市DV相談支援センター	053-412-0360
	富士市	富士市配偶者暴力相談支援センター	0545-51-1128
愛知県		愛知県女性相談センター	052-962-2527
	名古屋市	名古屋市配偶者暴力相談支援センター	052-351-5388
【近畿地方】			
三重県		三重県女性相談所	059-231-5600
滋賀県		滋賀県立男女共同参画センター	0748-37-8739

都道府県名	市区町村名	支援センター名	電話番号（相談用）
		滋賀県中央子ども家庭相談センター	077-564-7867
		滋賀県彦根子ども家庭相談センター	0749-24-3741
京都府		京都府家庭支援総合センター	075-531-9910
		京都府宇治児童相談所（京都府南部家庭支援センター）	0774-43-9911
		京都府福知山児童相談所（京都府北部家庭支援センター）	0773-22-9911
	京都市	京都市ドメスティック・バイオレンス（DV）相談支援センター	075-874-4971
	舞鶴市	舞鶴市配偶者暴力相談支援センター	0773-65-0056
大阪府		大阪府女性相談センター	06-6949-6022 06-6946-7890
		大阪府中央子ども家庭センター	072-828-0277
		大阪府池田子ども家庭センター	072-751-3012
		大阪府吹田子ども家庭センター	06-6380-0049
		大阪府東大阪子ども家庭センター	06-6721-2077
		大阪府富田林子ども家庭センター	0721-25-2065
		大阪府岸和田子ども家庭センター	072-441-7794
	大阪市	大阪市配偶者暴力相談支援センター	06-4305-0100
	堺市	堺市配偶者暴力相談支援センター	072-228-3943
	吹田市	すいたストップDVステーション（DV相談室）	06-6310-7113
	枚方市	枚方市配偶者暴力相談支援センター「ひらかたDV相談室」	072-841-3134
	茨木市	茨木市配偶者暴力相談支援センター	072-622-5757
	松原市	松原市人権交流センター	072-334-1088
	豊中市	豊中市配偶者暴力相談支援センター	06-6152-9893
	東大阪市	東大阪市配偶者暴力相談支援センター（DV相談室）	06-4309-3191
兵庫県		兵庫県女性家庭センター	078-732-7700
	神戸市	神戸市配偶者暴力相談支援センター	078-382-0037
	姫路市	姫路市配偶者暴力相談支援センター	079-221-1532
	尼崎市	尼崎市配偶者暴力相談支援センター	06-4950-0589
	明石市	明石市配偶者暴力相談支援センター	078-918-5186
	西宮市	西宮市配偶者暴力相談支援センター	0798-23-6011
	芦屋市	芦屋市配偶者暴力相談支援センター	0797-38-9100
	伊丹市	伊丹市配偶者暴力相談支援センター	072-780-4327
	加古川市	加古川市配偶者暴力相談支援センター	079-427-2928
	宝塚市	宝塚市配偶者暴力相談支援センター（たからづかDV相談室）	0797-77-9121
	三木市	三木市配偶者暴力相談支援センター	0794-82-8300
	川西市	川西市配偶者暴力相談支援センター	072-758-0708
	小野市	小野市配偶者暴力相談支援センター	0794-63-1116
	三田市	三田市配偶者暴力相談支援センター	079-563-7830

都道府県名	市区町村名	支援センター名	電話番号（相談用）
	加西市	加西市DV相談室（加西市配偶者暴力相談支援センター）	0790-42-8736
	加東市	加東市配偶者暴力相談支援センター	0795-43-0411
	猪名川町	猪名川町配偶者暴力相談支援センター	072-767-7477
	丹波市	丹波市配偶者暴力相談支援センター	0795-86-8730
奈良県		奈良県中央こども家庭相談センター	0742-22-4083
	奈良市	奈良市配偶者暴力相談支援センター	0742-93-3150
和歌山県		和歌山県子ども・女性・障害者相談センター	073-445-0793
【中国・四国地方】			
鳥取県		鳥取県福祉相談センター	0857-27-8630
		鳥取県中部総合事務所県民福祉局	0858-23-3152
		鳥取県西部総合事務所県民福祉局	0859-31-9304
島根県		島根県女性相談センター	0852-25-8071
		島根県女性相談センター西部分室	0854-84-5661
岡山県		岡山県女性相談所（岡山県福祉相談センター　子ども家庭相談部女性相談課）	086-235-6060 （夜間相談電話： 086-235-6101）
		岡山県男女共同参画推進センター	086-235-3310
	岡山市	岡山市男女共同参画相談支援センター	086-803-3366
	倉敷市	倉敷市男女共同参画推進センター	086-435-5670
	津山市	津山配偶者暴力相談支援センター	0868-31-2552
広島県		広島県西部こども家庭センター女性相談課	082-254-0391 （平日の昼間） 082-254-0399 （休日・夜間）
		広島県東部こども家庭センター	084-951-2372
		広島県北部こども家庭センター相談援助課	0824-63-5181 （内線2313）
	広島市	広島市配偶者暴力相談支援センター	082-504-2412
	東広島市	東広島市配偶者暴力相談支援センター	082-420-0407
	安芸太田町	安芸太田町親子相談支援センター	0826-25-0250 0826-25-0930 0826-22-0196
山口県		山口県男女共同参画相談センター	083-901-1122
	宇部市	宇部市配偶者暴力相談支援センター	0836-33-4649
徳島県		徳島県中央こども女性相談センター	088-652-5503 088-623-8110
		徳島県南部こども女性相談センター	0884-24-7115 0884-24-7110
		徳島県西部こども女性相談センター	0883-56-2109 0883-56-2110
	鳴門市	鳴門市女性子ども支援センター『ぱぁとなー』	088-684-1413

都道府県名	市区町村名	支援センター名	電話番号（相談用）
	阿南市	阿南市配偶者暴力相談支援センター	0884-24-8111
香川県		香川県子ども女性相談センター	087-835-3211
愛媛県		愛媛県福祉総合支援センター	089-927-3490
		愛媛県男女共同参画センター	089-926-1644
	新居浜市	新居浜市配偶者暴力相談支援センター	0897-65-1480
高知県		高知県女性相談支援センター	088-833-0783
【九州・沖縄地方】			
福岡県		福岡県女性相談所	092-584-1266 （毎日9:0017:00、金18:00～20:30、8/13～8/15及び年末年始を除く）
		福岡県配偶者暴力相談支援センター（筑紫）	092-584-0052
		福岡県配偶者暴力相談支援センター（粕屋）	092-939-0511
		福岡県配偶者暴力相談支援センター（糸島）	092-323-0061
		福岡県配偶者暴力相談支援センター（宗像・遠賀）	093-201-2820 0940-37-2880
		福岡県配偶者暴力相談支援センター（嘉穂・鞍手）	0949-22-4070 0948-29-0071
		福岡県配偶者暴力相談支援センター（田川）	0947-42-4850
		福岡県配偶者暴力相談支援センター（北筑後）	0942-34-8111 0946-24-5780
		福岡県配偶者暴力相談支援センター（南筑後）	0943-23-7520 0944-73-3200
		福岡県配偶者暴力相談支援センター（京築）	0930-23-2460
	北九州市	北九州市配偶者暴力相談支援センター	093-591-1126
	福岡市	福岡市配偶者暴力相談支援センター	092-711-7030
佐賀県		佐賀県婦人相談所	0952-26-1212
		佐賀県立男女共同参画センター	0952-26-0018
長崎県		長崎県長崎・こども・女性・障害者支援センター	095-846-0565
		長崎県佐世保こども・女性・障害者支援センター	0956-24-5125
	長崎市	長崎市配偶者暴力相談支援センター	095-826-4417
	南島原市	南島原市配偶者暴力相談支援センター	0957-73-6655
熊本県		熊本県女性相談センター	096-381-7110 （DV電話相談）
	熊本市	熊本市配偶者暴力相談支援センター事業（男女共同参画課、男女共同参画課相談室、子ども政策課、各区役所福祉課、各区役所保健子ども課）	096-328-3322
	水俣市	水俣市よりそいサポートセンター	0966-63-2738
	合志市	合志市配偶者暴力相談支援センター事業（健康福祉部　女性・子ども支援課）	096-248-1199

都道府県名	市区町村名	支援センター名	電話番号（相談用）
大分県		大分県婦人相談所	097-544-3900
		大分県消費生活・男女共同参画プラザ	097-534-8874
	大分市	大分市配偶者暴力相談支援センター	097-537-5666
宮崎県		宮崎県女性相談所	0985-22-3858
鹿児島県		鹿児島県女性相談センター	099-222-1467
		かごしま県民交流センター（鹿児島県男女共同参画センター）	099-221-6630 099-221-6631
		鹿児島県鹿児島地域振興局保健福祉環境部	099-272-6301
		鹿児島県南薩地域振興局保健福祉環境部	0993-53-8001
		鹿児島県北薩地域振興局保健福祉環境部	0996-23-3166
		鹿児島県姶良・伊佐地域振興局保健福祉環境部	0995-44-7965
		鹿児島県大隅地域振興局保健福祉環境部	0994-52-2123
		鹿児島県熊毛支庁保健福祉環境部	0997-22-1138
		鹿児島県大島支庁保健福祉環境部	0997-57-7243
	鹿児島市	鹿児島市配偶者暴力相談支援センター	099-813-0853
	鹿屋市	鹿屋市配偶者暴力相談支援センター	0994-31-1171
	出水市	出水市安心サポートセンター	0996-63-4197
	薩摩川内市	薩摩川内市配偶者暴力相談支援センター	0996-20-6343
	日置市	日置市配偶者暴力相談支援センター	099-273-2160
	姶良市	姶良市配偶者暴力相談支援センター	0995-66-3182
	知名町	知名町配偶者暴力相談支援センター	0997-93-2075
	和泊町	和泊町保健福祉課	0997-84-3526 （内線263）
	霧島市	霧島市保健福祉部こども・くらし相談センター	0995-64-0881
	志布志市	志布志市配偶者暴力相談支援センター	0120-786-054
沖縄県		沖縄県女性相談所（沖縄県配偶者暴力相談支援センター）	098-854-1172
		沖縄県北部福祉事務所（北部配偶者暴力相談支援センター）	0980-52-0051
		沖縄県中部福祉事務所（中部配偶者暴力相談支援センター）	098-989-6603
		沖縄県南部福祉事務所（南部配偶者暴力相談支援センター）	098-889-6364
		沖縄県宮古福祉事務所（宮古配偶者暴力相談支援センター）	0980-72-3132
		沖縄県八重山福祉事務所（八重山配偶者暴力相談支援センター）	0980-82-2330
		豊見城市福祉健康部子育て支援課（豊見城市配偶者等暴力相談支援センター）	098-840-5633

2　配偶者からの暴力の防止及び被害者の保護等に関する法律

（平成13年4月13日法律第31号）

最近改正　令和5年6月14日法律第53号

目次

我が国においては、日本国憲法に個人の尊重と法の下の平等がうたわれ、人権の擁護と男女平等の実現に向けた取組が行われている。

ところが、配偶者からの暴力は、犯罪となる行為をも含む重大な人権侵害であるにもかかわらず、被害者の救済が必ずしも十分に行われてこなかった。また、配偶者からの暴力の被害者は、多くの場合女性であり、経済的自立が困難である女性に対して配偶者が暴力を加えることは、個人の尊厳を害し、男女平等の実現の妨げとなっている。

このような状況を改善し、人権の擁護と男女平等の実現を図るためには、配偶者からの暴力を防止し、被害者を保護するための施策を講ずることが必要である。このことは、女性に対する暴力を根絶しようと努めている国際社会における取組にも沿うものである。

ここに、配偶者からの暴力に係る通報、相談、保護、自立支援等の体制を整備することにより、配偶者からの暴力の防止及び被害者の保護を図るため、この法律を制定する。

第1章　総則

（定義）

第1条　この法律において「配偶者からの暴力」とは、配偶者からの身体に対する暴力（身体に対する不法な攻撃であって生命又は身体に危害を及ぼすものをいう。以下同じ。）又はこれに準ずる心身に有害な影響を及ぼす言動（以下この項及び第28条の2において「身体に対する暴力等」と総称する。）をいい、配偶者からの身体に対する暴力等を受けた後に、その者が離婚をし、又はその婚姻が取り消された場合にあっては、当該配偶者であった者から引き続き受ける身体に対する暴力等を含むものとする。

2　この法律において「被害者」とは、配偶者からの暴力を受けた者をいう。

3　この法律にいう「配偶者」には、婚姻の届出をしていないが事実上婚姻関係と同様の事情にある者を含み、「離婚」には、婚姻の届出をしていないが事実上婚姻関係と同様の事情にあった者が、事実上離婚したと同様の事情に入ることを含むものとする。

（国及び地方公共団体の責務）

第2条　国及び地方公共団体は、配偶者からの暴力を防止するとともに、被害者の保護（被害者の自立を支援することを含む。以下同じ。）を図る責務を有する。

第1章の2　基本方針及び都道府県基本計画等

（基本方針）

第2条の2　内閣総理大臣、国家公安委員会、法務大臣及び厚生労働大臣（以下この条及び次条第5項において「主務大臣」という。）は、配偶者からの暴力の防止及び被害者の保護のための施策に関する基本的な方針（以下この条並びに次条第1項及び第3項において「基本方針」という。）を定めなければならない。

2　基本方針においては、次に掲げる事項につき、次条第1項の都道府県基本計画及び同条第3項の市町村基本計画の指針となるべきものを定めるものとする。

一　配偶者からの暴力の防止及び被害者の保護に関する基本的な事項

二　配偶者からの暴力の防止及び被害者の保護のための施策の内容に関する事項

三　配偶者からの暴力の防止及び被害者の保護のための施策を実施するために必要な国、地方公共団体及び民間の団体の連携及び協力に関する事項

四　前3号に掲げるもののほか、配偶者からの暴力の防止及び被害者の保護のための施策に関する重要事項

3　主務大臣は、基本方針を定め、又はこれを変更しようとするときは、あらかじめ、関係行政機関の

長に協議しなければならない。

4　主務大臣は、基本方針を定め、又はこれを変更したときは、遅滞なく、これを公表しなければならない。

（都道府県基本計画等）

第2条の3　都道府県は、基本方針に即して、当該都道府県における配偶者からの暴力の防止及び被害者の保護のための施策の実施に関する基本的な計画（以下この条において「都道府県基本計画」という。）を定めなければならない。

2　都道府県基本計画においては、次に掲げる事項を定めるものとする。

一　配偶者からの暴力の防止及び被害者の保護に関する基本的な方針

二　配偶者からの暴力の防止及び被害者の保護のための施策の実施内容に関する事項

三　配偶者からの暴力の防止及び被害者の保護のための施策を実施するために必要な当該都道府県、関係地方公共団体及び民間の団体の連携及び協力に関する事項

四　前3号に掲げるもののほか、配偶者からの暴力の防止及び被害者の保護のための施策の実施に関する重要事項

3　市町村（特別区を含む。以下同じ。）は、基本方針に即し、かつ、都道府県基本計画を勘案して、当該市町村における配偶者からの暴力の防止及び被害者の保護のための施策の実施に関する基本的な計画（以下この条において「市町村基本計画」という。）を定めるよう努めなければならない。

4　都道府県又は市町村は、都道府県基本計画又は市町村基本計画を定め、又は変更したときは、遅滞なく、これを公表しなければならない。

5　主務大臣は、都道府県又は市町村に対し、都道府県基本計画又は市町村基本計画の作成のために必要な助言その他の援助を行うよう努めなければならない。

第2章　配偶者暴力相談支援センター等

（配偶者暴力相談支援センター）

第3条　都道府県は、当該都道府県が設置する女性相談支援センターその他の適切な施設において、当該各施設が配偶者暴力相談支援センターとしての機能を果たすようにするものとする。

2　市町村は、当該市町村が設置する適切な施設において、当該各施

設が配偶者暴力相談支援センターとしての機能を果たすようにするよう努めるものとする。

3　配偶者暴力相談支援センターは、配偶者からの暴力の防止及び被害者の保護のため、次に掲げる業務を行うものとする。

一　被害者に関する各般の問題について、相談に応ずること又は女性相談支援員若しくは相談を行う機関を紹介すること。

二　被害者の心身の健康を回復させるため、医学的又は心理学的な指導その他の必要な指導を行うこと。

三　被害者（被害者がその家族を同伴する場合にあっては、被害者及びその同伴する家族。次号、第6号、第5条、第8条の3及び第9条において同じ。）の緊急時における安全の確保及び一時保護を行うこと。

四　被害者が自立して生活することを促進するため、就業の促進、住宅の確保、援護等に関する制度の利用等について、情報の提供、助言、関係機関との連絡調整その他の援助を行うこと。

五　第4章に定める保護命令の制度の利用について、情報の提供、助言、関係機関への連絡その他の援助を行うこと。

六　被害者を居住させ保護する施設の利用について、情報の提供、助言、関係機関との連絡調整その他の援助を行うこと。

4　前項第3号の一時保護は、女性相談支援センターが、自ら行い、又は厚生労働大臣が定める基準を満たす者に委託して行うものとする。

5　前項の規定による委託を受けた者若しくはその役員若しくは職員又はこれらの者であった者は、正当な理由がなく、その委託を受けた業務に関して知り得た秘密を漏らしてはならない。

6　配偶者暴力相談支援センターは、その業務を行うに当たっては、必要に応じ、配偶者からの暴力の防止及び被害者の保護を図るための活動を行う民間の団体との連携に努めるものとする。

（女性相談支援員による相談等）

第4条　女性相談支援員は、被害者の相談に応じ、必要な援助を行うことができる。

（女性自立支援施設における保護）

第5条　都道府県は、女性自立支援施設において被害者の保護を行うことができる。

（協議会）

第5条の2　都道府県は、単独で又は共同して、配偶者からの暴力の防止及び被害者の保護を図るため、関係機関、関係団体、配偶者からの暴力の防止及び被害者の保護に関連する職務に従事する者その他の関係者（第5項において「関係機関等」という。）により構成される協議会（以下「協議会」という。）を組織するよう努めなければならない。

2　市町村は、単独で又は共同して、協議会を組織することができる。

3　協議会は、被害者に関する情報その他被害者の保護を図るために必要な情報の交換を行うとともに、被害者に対する支援の内容に関する協議を行うものとする。

4　協議会が組織されたときは、当該地方公共団体は、内閣府令で定めるところにより、その旨を公表しなければならない。

5　協議会は、第3項に規定する情報の交換及び協議を行うため必要があると認めるときは、関係機関等に対し、資料又は情報の提供、意見の開陳その他必要な協力を求めることができる。

（秘密保持義務）

第5条の3　協議会の事務に従事する者又は従事していた者は、正当な理由がなく、協議会の事務に関して知り得た秘密を漏らしてはならない。

（協議会の定める事項）

第5条の4　前2条に定めるもののほか、協議会の組織及び運営に関し必要な事項は、協議会が定める。

第3章　被害者の保護

（配偶者からの暴力の発見者による通報等）

第6条　配偶者からの暴力（配偶者又は配偶者であった者からの身体に対する暴力に限る。以下この章において同じ。）を受けている者を発見した者は、その旨を配偶者暴力相談支援センター又は警察官に通報するよう努めなければならない。

2　医師その他の医療関係者は、その業務を行うに当たり、配偶者からの暴力によって負傷し又は疾病にかかったと認められる者を発見したときは、その旨を配偶者暴力相談支援センター又は警察官に通報することができる。この場合において、その者の意思を尊重するよう努めるものとする。

3　刑法（明治40年法律第45号）の秘密漏示罪の規定その他の守秘義務に関する法律の規定は、前2項の規定により通報することを妨げるものと解釈してはならない。

4　医師その他の医療関係者は、その業務を行うに当たり、配偶者からの暴力によって負傷し又は疾病にかかったと認められる者を発見したときは、その者に対し、配偶者暴力相談支援センター等の利用について、その有する情報を提供するよう努めなければならない。

（配偶者暴力相談支援センターによる保護についての説明等）

第7条　配偶者暴力相談支援センターは、被害者に関する通報又は相談を受けた場合には、必要に応じ、被害者に対し、第3条第3項の規定により配偶者暴力相談支援センターが行う業務の内容について説明及び助言を行うとともに、必要な保護を受けることを勧奨するものとする。

（警察官による被害の防止）

第8条　警察官は、通報等により配偶者からの暴力が行われていると認めるときは、警察法（昭和29年法律第162号）、警察官職務執行法（昭和23年法律第136号）その他の法令の定めるところにより、暴力の制止、被害者の保護その他の配偶者からの暴力による被害の発生を防止するために必要な措置を講ずるよう努めなければならない。

（警察本部長等の援助）

第8条の2　警視総監若しくは道府県警察本部長（道警察本部の所在地を包括する方面を除く方面については、方面本部長。第15条第3項において同じ。）又は警察署長は、配偶者からの暴力を受けている者から、配偶者からの暴力による被害を自ら防止するための援助を受けたい旨の申出があり、その申出を相当と認めるときは、当該配偶者からの暴力を受けている者に対し、国家公安委員会規則で定めるところにより、当該被害を自ら防止するための措置の教示その他配偶者からの暴力による被害の発生を防止するために必要な援助を行うものとする。

（福祉事務所による自立支援）

第8条の3　社会福祉法（昭和26年法律第45号）に定める福祉に関する事務所（次条において「福祉事務所」という。）は、生活保護法（昭和25年法律第144号）、児童福祉法（昭和22年法律第164号）、母子及び父子並びに寡婦福祉法（昭和39年法律第129号）その他の法令の定めるところにより、被害者の自立を支援するために必要な措置を講ずるよう努めなければならない。

（被害者の保護のための関係機関の連携協力）

第９条　配偶者暴力相談支援センター、都道府県警察、福祉事務所、児童相談所その他の都道府県又は市町村の関係機関その他の関係機関は、被害者の保護を行うに当たっては、その適切な保護が行われるよう、相互に連携を図りながら協力するよう努めるものとする。

（苦情の適切かつ迅速な処理）

第９条の２　前条の関係機関は、被害者の保護に係る職員の職務の執行に関して被害者から苦情の申出を受けたときは、適切かつ迅速にこれを処理するよう努めるものとする。

第４章　保護命令

（接近禁止命令等）

第10条　被害者（配偶者からの身体に対する暴力又は生命、身体、自由、名誉若しくは財産に対し害を加える旨を告知してする脅迫（以下この章において「身体に対する暴力等」という。）を受けた者に限る。以下この条並びに第12条第1項第3号及び第4号において同じ。）が、配偶者（配偶者からの身体に対する暴力等を受けた後に、被害者が離婚をし、又はその婚姻が取り消された場合にあっては、当該配偶者であった者。以下この条及び第12条第1項第2号から第4号までにおいて同じ。）からの更なる身体に対する暴力等により、その生命又は心身に重大な危害を受けるおそれが大きいときは、裁判所は、被害者の申立てにより、当該配偶者に対し、命令の効力が生じた日から起算して1年間、被害者の住居（当該配偶者と共に生活の本拠としている住居を除く。以下この項において同じ。）その他の場所において被害者の身辺につきまとい、又は被害者の住居、勤務先その他その通常所在する場所の付近をはいかいしてはならないことを命ずるものとする。

2　前項の場合において、同項の規定による命令（以下「接近禁止命令」という。）を発する裁判所又は発した裁判所は、被害者の申立てにより、当該配偶者に対し、命令の効力が生じた日以後、接近禁止命令の効力が生じた日から起算して1年を経過する日までの間、被害者に対して次に掲げる行為をしてはならないことを命ずるものとする。

一　面会を要求すること。

二　その行動を監視していると思わせるような事項を告げ、又はその知り得る状態に置くこと。

三　著しく粗野又は乱暴な言動をすること。

四　電話をかけて何も告げず、又は緊急やむを得ない場合を除き、連続して、電話をかけ、文書を送付し、通信文その他の情報（電気通信（電気通信事業法（昭和59年法律第86号）第2条第1号に規定する電気通信をいう。以下この号及び第6項第1号において同じ。）の送信元、送信先、通信日時その他の電気通信を行うために必要な情報を含む。以下この条において「通信文等」という。）をファクシミリ装置を用いて送信し、若しくは電子メールの送信等をすること。

五　緊急やむを得ない場合を除き、午後10時から午前6時までの間に、電話をかけ、通信文等をファクシミリ装置を用いて送信し、又は電子メールの送信等をすること。

六　汚物、動物の死体その他の著しく不快又は嫌悪の情を催させるような物を送付し、又はその知り得る状態に置くこと。

七　その名誉を害する事項を告げ、又はその知り得る状態に置くこと。

八　その性的羞恥心を害する事項を告げ、若しくはその知り得る状態に置き、その性的羞恥心を害する文書、図画、電磁的記録（電子的方式、磁気的方式その他人の知覚によっては認識することができない方式で作られる記録であって、電子計算機による情報処理の用に供されるものをいう。以下この号において同じ。）に係る記録媒体その他の物を送付し、若しくはその知り得る状態に置き、又はその性的羞恥心を害する電磁的記録その他の記録を送信し、若しくはその知り得る状態に置くこと。

九　その承諾を得ないで、その所持する位置情報記録・送信装置（当該装置の位置に係る位置情報（地理空間情報活用推進基本法（平成19年法律第63号）第2条第1項第1号に規定する位置情報をいう。以下この号において同じ。）を記録し、又は送信する機能を有する装置で政令で定めるものをいう。以下この号及び次号において同じ。）（同号に規定する行為がされた位置情報記録・送信装置を含む。）により記録され、又は送信される当該位置情報記録・送信装置の位置に係る位置情報を政令で定める方法により取得すること。

十　その承諾を得ないで、その所持する物に位置情報記録・送信装置を取り付けること、位置情報記録・送信装置を取り付けた物を交付することその他その移動に伴い位置情報記録・送信装置を移動し得る状態にする行為として政令で定める行為をすること。

3　第1項の場合において、被害者がその成年に達しない子（以下この項及び次項並びに第12条第1項第3号において単に「子」という。）と同居しているときであって、配偶者が幼年の子を連れ戻すと疑うに足りる言動を行っていることその他の事情があることから被害者がその同居している子に関して配偶者と面会することを余儀なくされることを防止するため必要があると認めるときは、接近禁止命令を発する裁判所又は発した裁判所は、被害者の申立てにより、当該配偶者に対し、命令の効力が生じた日以後、接近禁止命令の効力が生じた日から起算して1年を経過する日までの間、当該子の住居（当該配偶者と共に生活の本拠としている住居を除く。以下この項において同じ。）、就学する学校その他の場所において当該子の身辺につきまとい、又は当該子の住居、就学する学校その他その通常所在する場所の付近をはいかいしてはならないこと及び当該子に対して前項第2号から第10号までに掲げる行為（同項第5号に掲げる行為にあっては、電話をかけること及び通信文等をファクシミリ装置を用いて送信することに限る。）をしてはならないことを命ずるものとする。ただし、当該子が15歳以上であるときは、その同意がある場合に限る。

4　第1項の場合において、配偶者が被害者の親族その他被害者と社会生活において密接な関係を有する者（被害者と同居している子及び配偶者と同居している者を除く。以下この項及び次項並びに第12条第1項第4号において「親族等」という。）の住居に押し掛けて著しく粗野又は乱暴な言動を行っていることその他の事情があることから被害者がその親族等に関して配偶者と面会することを余儀なくされることを防止するため必要があると認めるときは、接近禁止命令を発する裁判所又は発した裁判所は、被害者の申立てにより、当該配偶者に対し、命令の効力が生じた日以後、接近禁止命令の効力が生じた日から起算して1年を経過する日までの間、当該親族等の住居（当該配偶者と共に生活の本拠としている住居を除く。以下この項において同じ。）その他の場所において当該親族等の身辺につきまとい、又は当該親族等の住居、勤務先その他その通常所在する場所の付近をはいかいしてはならないことを命ずるものとする。

5　前項の申立ては、当該親族等（被害者の15歳未満の子を除く。以下この項において同じ。）の同意（当該親族等が15歳未満の者又は成年被後見人である場合にあっては、その法定代理人の同意）がある場合に限り、することができる。

6　第2項第4号及び第5号の「電子メールの送信等」とは、次の各号のいずれかに掲げる行為（電話をかけること及び通信文等をファクシミリ装置を用いて送信することを除く。）をいう。

一　電子メール（特定電子メールの送信の適正化等に関する法律（平成14年法律第26号）第2条第1号に規定する電子メールをいう。）その他のその受信をする者を特定して情報を伝達するために用いられる電気通信の送信を行うこと。

二　前号に掲げるもののほか、電子情報処理組織を使用する方法その他の情報通信の技術を利用する方法であって、内閣府令で定めるものを用いて通信文等の送信を行うこと。

（退去等命令）

第10条の2　被害者（配偶者からの身体に対する暴力又は生命等に対する脅迫（被害者の生命又は身体に対し害を加える旨を告知してする脅迫をいう。以下この章において同じ。）を受けた者に限る。以下この条及び第18条第1項において同じ。）が、配偶者（配偶者からの身体に対する暴力又は生命等に対する脅迫を受けた後に、被害者が離婚をし、又はその婚姻が取り消された場合にあっては、当該配偶者であった者。以下この条、第12条第2項第2号及び第18条第1項において同じ。）から更に身体に対する暴力を受けることにより、その生命又は身体に重大な危害を受けるおそれが大きいときは、裁判所は、被害者の申立てにより、当該配偶者に対し、命令の効力が生じた日から起算して2月間（被害者及び当該配偶者が生活の本拠として使用する建物又は区分建物（不動産登記法（平成16年法律第123号）第2条第22号に規定する区分建物をいう。）の所有者又は賃借人が被害者のみである場合において、被害者の申立てがあったときは、6月間）、被害者と共に生活の本拠としている住居から退去すること及び当該住居の付近をはいかいしてはならないことを命ずるものとする。ただし、申立ての時において被害者及び当該配偶者が生活の本拠を共にする場合に限る。

（管轄裁判所）

第11条　接近禁止命令及び前条の規定による命令（以下「退去等命令」という。）の申立てに係る事件は、相手方の住所（日本国内に住所がないとき又は住所が知れないときは居所）の所在地を管轄する地方裁判所の管轄に属する。

2　接近禁止命令の申立ては、次の各号に掲げる地を管轄する地方裁判所にもすることができる。

一　申立人の住所又は居所の所在地

二　当該申立てに係る配偶者からの身体に対する暴力等が行われた地

3　退去等命令の申立ては、次の各号に掲げる地を管轄する地方裁判所にもすることができる。

一　申立人の住所又は居所の所在地

二　当該申立てに係る配偶者からの身体に対する暴力又は生命等に対する脅迫が行われた地

（接近禁止命令等の申立て等）

第12条　接近禁止命令及び第10条第2項から第4項までの規定による命令の申立ては、次に掲げる事項を記載した書面でしなければならない。

一　配偶者からの身体に対する暴力等を受けた状況（当該身体に対する暴力等を受けた後に、被害者が離婚をし、又はその婚姻が取り消された場合であって、当該配偶者であった者からの身体に対する暴力等を受けたときにあっては、当該配偶者であった者からの身体に対する暴力等を受けた状況を含む。）

二　前号に掲げるもののほか、配偶者からの更なる身体に対する暴力等により、生命又は心身に

重大な危害を受けるおそれが大きいと認めるに足りる申立ての時における事情

三　第10条第3項の規定による命令（以下この号並びに第17条第3項及び第4項において「3項命令」という。）の申立てをする場合にあっては、被害者が当該同居している子に関して配偶者と面会することを余儀なくされることを防止するため当該3項命令を発する必要があると認めるに足りる申立ての時における事情

四　第10条第4項の規定による命令の申立てをする場合にあっては、被害者が当該親族等に関して配偶者と面会することを余儀なくされることを防止するため当該命令を発する必要があると認めるに足りる申立ての時における事情

五　配偶者暴力相談支援センターの職員又は警察職員に対し、前各号に掲げる事項について相談し、又は援助若しくは保護を求めた事実の有無及びその事実があるときは、次に掲げる事項

イ　当該配偶者暴力相談支援センター又は当該警察職員の所属官署の名称

ロ　相談し、又は援助若しくは保護を求めた日時及び場所

ハ　相談又は求めた援助若しくは保護の内容

ニ　相談又は申立人の求めに対して執られた措置の内容

2　退去等命令の申立ては、次に掲げる事項を記載した書面でしなければならない。

一　配偶者からの身体に対する暴力又は生命等に対する脅迫を受けた状況（当該身体に対する暴力又は生命等に対する脅迫を受けた後に、被害者が離婚をし、又はその婚姻が取り消された場合であって、当該配偶者であった者からの身体に対する暴力又は生命等に対する脅迫を受けたときにあっては、当該配偶者であった者からの身体に対する暴力又は生命等に対する脅迫を受けた状況を含む。）

二　前号に掲げるもののほか、配偶者から更に身体に対する暴力を受けることにより、生命又は身体に重大な危害を受けるおそれが大きいと認めるに足りる申立ての時における事情

三　配偶者暴力相談支援センターの職員又は警察職員に対し、前

2号に掲げる事項について相談し、又は援助若しくは保護を求めた事実の有無及びその事実があるときは、次に掲げる事項

イ　当該配偶者暴力相談支援センター又は当該警察職員の所属官署の名称

ロ　相談し、又は援助若しくは保護を求めた日時及び場所

ハ　相談又は求めた援助若しくは保護の内容

ニ　相談又は申立人の求めに対して執られた措置の内容

3　前2項の書面（以下「申立書」という。）に第1項第5号イからニまで又は前項第3号イからニまでに掲げる事項の記載がない場合には、申立書には、第1項第1号から第4号まで又は前項第1号及び第2号に掲げる事項についての申立人の供述を記載した書面で公証人法（明治41年法律第53号）第58条ノ2第1項の認証を受けたものを添付しなければならない。

（迅速な裁判）

第13条　裁判所は、接近禁止命令、第10条第2項から第4項までの規定による命令及び退去等命令（以下「保護命令」という。）の申立てに係る事件については、速やかに裁判をするものとする。

（保護命令事件の審理の方法）

第14条　保護命令は、口頭弁論又は相手方が立ち会うことができる審尋の期日を経なければ、これを発することができない。ただし、その期日を経ることにより保護命令の申立ての目的を達することができない事情があるときは、この限りでない。

2　申立書に第12条第1項第5号イからニまで又は同条第2項第3号イからニまでに掲げる事項の記載がある場合には、裁判所は、当該配偶者暴力相談支援センター又は当該所属官署の長に対し、申立人が相談し、又は援助若しくは保護を求めた際の状況及びこれに対して執られた措置の内容を記載した書面の提出を求めるものとする。この場合において、当該配偶者暴力相談支援センター又は当該所属官署の長は、これに速やかに応ずるものとする。

3　裁判所は、必要があると認める場合には、前項の配偶者暴力相談支援センター若しくは所属官署の長又は申立人から相談を受け、若しくは援助若しくは保護を求められた職員に対し、同項の規定により書面の提出を求めた事項に関

して更に説明を求めることができる。

(期日の呼出し)

第14条の2　保護命令に関する手続における期日の呼出しは、呼出状の送達、当該事件について出頭した者に対する期日の告知その他相当と認める方法によってする。

2　呼出状の送達及び当該事件について出頭した者に対する期日の告知以外の方法による期日の呼出しをしたときは、期日に出頭しない者に対し、法律上の制裁その他期日の不遵守による不利益を帰することができない。ただし、その者が期日の呼出しを受けた旨を記載した書面を提出したときは、この限りでない。

(公示送達の方法)

第14条の3　保護命令に関する手続における公示送達は、裁判所書記官が送達すべき書類を保管し、いつでも送達を受けるべき者に交付すべき旨を裁判所の掲示場に掲示してする。

(電子情報処理組織による申立て等)

第14条の4　保護命令に関する手続における申立てその他の申述(以下この条において「申立て等」という。)のうち、当該申立て等に関するこの法律その他の法令の規定により書面等(書面、書類、文書、謄本、抄本、正本、副本、複本その他文字、図形等人の知覚によって認識することができる情報が記載された紙その他の有体物をいう。次項及び第4項において同じ。)をもってするものとされているものであって、最高裁判所の定める裁判所に対してするもの(当該裁判所の裁判長、受命裁判官、受託裁判官又は裁判所書記官に対してするものを含む。)については、当該法令の規定にかかわらず、最高裁判所規則で定めるところにより、電子情報処理組織(裁判所の使用に係る電子計算機(入出力装置を含む。以下この項及び第3項において同じ。)と申立て等をする者の使用に係る電子計算機とを電気通信回線で接続した電子情報処理組織をいう。)を用いてすることができる。

2　前項の規定によりされた申立て等については、当該申立て等を書面等をもってするものとして規定した申立て等に関する法令の規定に規定する書面等をもってされたものとみなして、当該申立て等に関する法令の規定を適用する。

3　第1項の規定によりされた申立

て等は、同項の裁判所の使用に係る電子計算機に備えられたファイルへの記録がされた時に、当該裁判所に到達したものとみなす。

4　第1項の場合において、当該申立て等に関する他の法令の規定により署名等（署名、記名、押印その他氏名又は名称を書面等に記載することをいう。以下この項において同じ。）をすることとされているものについては、当該申立て等をする者は、当該法令の規定にかかわらず、当該署名等に代えて、最高裁判所規則で定めるところにより、氏名又は名称を明らかにする措置を講じなければならない。

5　第1項の規定によりされた申立て等が第3項に規定するファイルに記録されたときは、第1項の裁判所は、当該ファイルに記録された情報の内容を書面に出力しなければならない。

6　第1項の規定によりされた申立て等に係るこの法律その他の法令の規定による事件の記録の閲覧若しくは謄写又はその正本、謄本若しくは抄本の交付は、前項の書面をもってするものとする。当該申立て等に係る書類の送達又は送付も、同様とする。

（保護命令の申立てについての決定等）

第15条　保護命令の申立てについての決定には、理由を付さなければならない。ただし、口頭弁論を経ないで決定をする場合には、理由の要旨を示せば足りる。

2　保護命令は、相手方に対する決定書の送達又は相手方が出頭した口頭弁論若しくは審尋の期日における言渡しによって、その効力を生ずる。

3　保護命令を発したときは、裁判所書記官は、速やかにその旨及びその内容を申立人の住所又は居所を管轄する警視総監又は道府県警察本部長に通知するものとする。

4　保護命令を発した場合において、申立人が配偶者暴力相談支援センターの職員に対し相談し、又は援助若しくは保護を求めた事実があり、かつ、申立書に当該事実に係る第12条第1項第5号イからニまで又は同条第2項第3号イからニまでに掲げる事項の記載があるときは、裁判所書記官は、速やかに、保護命令を発した旨及びその内容を、当該申立書に名称が記載された配偶者暴力相談支援センター（当該申立書に名称が記載された配偶者暴力相談支援センターが2以上ある場合にあっては、申立人がその職員に対し相談し、又は援助若しくは保護を求めた日時が最も遅い配偶者暴力相談支援センター）の長に通知するものとする。

5　保護命令は、執行力を有しない。

（即時抗告）

第16条　保護命令の申立てについての裁判に対しては、即時抗告をすることができる。

2　前項の即時抗告は、保護命令の効力に影響を及ぼさない。

3　即時抗告があった場合において、保護命令の取消しの原因となることが明らかな事情があることにつき疎明があったときに限り、抗告裁判所は、申立てにより、即時抗告についての裁判が効力を生ずるまでの間、保護命令の効力の停止を命ずることができる。事件の記録が原裁判所に存する間は、原裁判所も、この処分を命ずることができる。

4　前項の規定により接近禁止命令の効力の停止を命ずる場合において、第10条第2項から第4項までの規定による命令が発せられているときは、裁判所は、当該命令の効力の停止をも命じなければならない。

5　前2項の規定による裁判に対しては、不服を申し立てることができない。

6　抗告裁判所が接近禁止命令を取り消す場合において、第10条第2項から第4項までの規定による命令が発せられているときは、抗告裁判所は、当該命令をも取り消さなければならない。

7　前条第4項の規定による通知がされている保護命令について、第3項若しくは第4項の規定によりその効力の停止を命じたとき又は抗告裁判所がこれを取り消したときは、裁判所書記官は、速やかに、その旨及びその内容を当該通知をした配偶者暴力相談支援センターの長に通知するものとする。

8　前条第3項の規定は、第3項及び第4項の場合並びに抗告裁判所が保護命令を取り消した場合について準用する。

（保護命令の取消し）

第17条　保護命令を発した裁判所は、当該保護命令の申立てをした者の申立てがあった場合には、当該保護命令を取り消さなければならない。接近禁止命令又は第10条第2項から第4項までの規定による命令にあっては接近禁止命令が効力を生じた日から起算して3月を経過した日以後において、退去等命令にあっては当該退去等命令が効力を生じた日から起算して2週間を経過した日以後において、これらの命令を受けた者が申し立て、当該裁判所がこれらの命令の申立てをした者に異議がないことを確認したときも、同様とする。

2　前条第6項の規定は、接近禁止命令を発した裁判所が前項の規定により当該接近禁止命令を取り消す場合について準用する。

3　3項命令を受けた者は、接近禁止命令が効力を生じた日から起算して6月を経過した日又は当該3項命令が効力を生じた日から起算して3月を経過した日のいずれか遅い日以後において、当該3項命令を発した裁判所に対し、第10条第3項に規定する要件を欠くに至ったことを理由として、当該3項命令の取消しの申立てをすることができる。

4　裁判所は、前項の取消しの裁判をするときは、当該取消しに係る3項命令の申立てをした者の意見を聴かなければならない。

5　第3項の取消しの申立てについての裁判に対しては、即時抗告をすることができる。

6　第3項の取消しの裁判は、確定しなければその効力を生じない。

7　第15条第3項及び前条第7項の規定は、第1項から第3項までの場合について準用する。

（退去等命令の再度の申立て）

第18条　退去等命令が発せられた後に当該発せられた退去等命令の申立ての理由となった身体に対する暴力又は生命等に対する脅迫と同一の事実を理由とする退去等命令の再度の申立てがあったときは、裁判所は、配偶者と共に生活の本拠としている住居から転居しようとする被害者がその責めに帰することのできない事由により当該発せられた命令の期間までに当該住居からの転居を完了することができないことその他の退去等命令を再度発する必要があると認めるべき事情があるときに限り、退去等命令を発するものとする。ただし、当該退去等命令を発することにより当該配偶者の生活に特に著しい支障を生ずると認めるときは、当該退去等命令を発しないことができる。

2　前項の申立てをする場合における第12条の規定の適用については、同条第2項各号列記以外の部分中「事項」とあるのは「事項及び第18条第1項本文の事情」と、同項第3号中「事項に」とあるのは「事項及び第18条第1項本文の事情に」と、同条第3項中「事項に」とあるのは「事項並びに第18条第1項本文の事情に」とする。

（事件の記録の閲覧等）

第19条　保護命令に関する手続について、当事者は、裁判所書記官に対し、事件の記録の閲覧若しくは謄写、その正本、謄本若しくは抄本の交付又は事件に関する事項の証明書の交付を請求することができる。ただし、相手方にあっては、保護命令の申立てに関し口頭弁論若しくは相手方を呼び出す審尋の期日の指定があり、又は相手方に対する保護命令の送達があるまでの間は、この限りでない。

第20条　削除

（民事訴訟法の準用）

第21条　この法律に特別の定めがある場合を除き、保護命令に関する手続に関しては、その性質に反しない限り、民事訴訟法（平成8年法律第109号）の規定を準用する。

（最高裁判所規則）

第22条　この法律に定めるもののほか、保護命令に関する手続に関し必要な事項は、最高裁判所規則で定める。

第5章　雑則

（職務関係者による配慮等）

第23条　配偶者からの暴力に係る被害者の保護、捜査、裁判等に職務上関係のある者（次項において「職務関係者」という。）は、その職務を行うに当たり、被害者の心身の状況、その置かれている環境等を踏まえ、被害者の国籍、障害の有無等を問わずその人権を尊重するとともに、その安全の確保及び秘密の保持に十分な配慮をしなければならない。

2　国及び地方公共団体は、職務関係者に対し、被害者の人権、配偶者からの暴力の特性等に関する理解を深めるために必要な研修及び啓発を行うものとする。

（教育及び啓発）

第24条　国及び地方公共団体は、配偶者からの暴力の防止に関する国民の理解を深めるための教育及び啓発に努めるものとする。

（調査研究の推進等）

第25条　国及び地方公共団体は、配偶者からの暴力の防止及び被害者の保護に資するため、加害者の更生のための指導の方法、被害者の心身の健康を回復させるための方法等に関する調査研究の推進並びに被害者の保護に係る人材の養成及び資質の向上に努めるものとする。

（民間の団体に対する援助）

第26条　国及び地方公共団体は、配偶者からの暴力の防止及び被害者の保護を図るための活動を行う民間の団体に対し、必要な援助を行うよう努めるものとする。

（都道府県及び市町村の支弁）

第27条　都道府県は、次の各号に掲げる費用を支弁しなければならない。

一　第3条第3項の規定に基づき同項に掲げる業務を行う女性相談支援センターの運営に要する費用（次号に掲げる費用を除く。）

二　第3条第3項第3号の規定に基づき女性相談支援センターが行う一時保護（同条第4項に規定する厚生労働大臣が定める基準を満たす者に委託して行う場合を含む。）及びこれに伴い必要な事務に要する費用

三　第4条の規定に基づき都道府県が置く女性相談支援員が行う業務に要する費用

四　第5条の規定に基づき都道府県が行う保護（市町村、社会福祉法人その他適当と認める者に委託して行う場合を含む。）及びこれに伴い必要な事務に要する費用

2　市町村は、第4条の規定に基づき市町村が置く女性相談支援員が行う業務に要する費用を支弁しなければならない。

（国の負担及び補助）

第28条　国は、政令の定めるところにより、都道府県が前条第1項の規定により支弁した費用のうち、同項第1号及び第2号に掲げるものについては、その10分の5を負担するものとする。

2　国は、予算の範囲内において、次の各号に掲げる費用の10分の5以内を補助することができる。

一　都道府県が前条第1項の規定により支弁した費用のうち、同項第3号及び第4号に掲げるもの

二　市町村が前条第2項の規定により支弁した費用

第5章の2　補則

（この法律の準用）

第28条の2　第2条及び第1章の2から前章までの規定は、生活の本拠を共にする交際（婚姻関係における共同生活に類する共同生活を営んでいないものを除く。）をする関係にある相手からの暴力（当該関係にある相手からの身体に対

第2条	配偶者	第28条の2に規定する関係にある相手（以下「特定関係者」という。）
	、被害者	、被害者（特定関係者からの暴力を受けた者をいう。以下同じ。）
第6条第1項	配偶者又は配偶者であった者	特定関係者又は特定関係者であった者
第10条第1項から第4項まで、第10条の2、第11条第2項第2号及び第3項第2号、第12条第1項第1号から第4号まで並びに第2項第1号及び第2号並びに第18条第1項	配偶者	特定関係者
第10条第1項、第10条の2並びに第12条第1項第1号及び第2項第1号	離婚をし、又はその婚姻が取り消された場合	第28条の2に規定する関係を解消した場合

する暴力等をいい、当該関係にある相手からの身体に対する暴力等を受けた後に、その者が当該関係を解消した場合にあっては、当該関係にあった者から引き続き受ける身体に対する暴力等を含む。）及び当該暴力を受けた者について準用する。この場合において、これらの規定（同条を除く。）中「配偶者からの暴力」とあるのは、「特定関係者からの暴力」と読み替えるほか、次の表の上欄に掲げる規定中同表の中欄に掲げる字句は、それぞれ同表の下欄に掲げる字句に読み替えるものとする。

第6章　罰則

第29条　保護命令（前条において読み替えて準用する第10条第1項から第4項まで及び第10条の2の規定によるものを含む。第31条において同じ。）に違反した者は、2年以下の懲役又は200万円以下の罰金に処する。

第30条　第3条第5項又は第5条の3の規定に違反して秘密を漏らした者は、1年以下の拘禁刑又は50万円以下の罰金に処する。

第31条　第12条第1項若しくは第2項（第18条第2項の規定により読み替えて適用する場合を含む。）又は第28条の2において読み替えて準用する第12条第1項若しくは第2項（第28条の2において準用する第18条第2項の規定により読み替えて適用する場合を含む。）の規定により記載すべき事項について虚偽の記載のある申立書により保護命令の申立てをした者は、10万円以下の過料に処する。

附　則　（令和4年5月25日法律第52号）　抄

（施行期日）

第1条　この法律は、令和6年4月1日から施行する。ただし、次の各号に掲げる規定は、当該各号に定める日から施行する。

一　次条並びに附則第3条、第5条及び第38条の規定　公布の日

（政令への委任）

第38条　この附則に定めるもののほか、この法律の施行に関し必要な経過措置は、政令で定める。

3 困難な問題を抱える女性への支援に関する法律

（令和4年5月25日法律第52号）
最近改正 令和4年6月17日法律第68号

目次

第1章 総則

（目的）

第1条 この法律は、女性が日常生活又は社会生活を営むに当たり女性であることにより様々な困難な問題に直面することが多いことに鑑み、困難な問題を抱える女性の福祉の増進を図るため、困難な問題を抱える女性への支援に関する必要な事項を定めることにより、困難な問題を抱える女性への支援のための施策を推進し、もって人権が尊重され、及び女性が安心して、かつ、自立して暮らせる社会の実現に寄与することを目的とする。

（定義）

第2条 この法律において「困難な問題を抱える女性」とは、性的な被害、家庭の状況、地域社会との関係性その他の様々な事情により日常生活又は社会生活を円滑に営む上で困難な問題を抱える女性（そのおそれのある女性を含む。）をいう。

（基本理念）

第3条 困難な問題を抱える女性への支援のための施策は、次に掲げる事項を基本理念として行われなければならない。

一 女性の抱える問題が多様化するとともに複合化し、そのために複雑化していることを踏まえ、困難な問題を抱える女性が、それぞれの意思が尊重されながら、抱えている問題及びその背景、心身の状況等に応じた最適な支援を受けられるようにすることにより、その福祉が増進されるよう、その発見、相談、心身の健康の回復のための援助、自立して生活するための援助等の多様な支援を包括的に提供する体制を整備すること。

二　困難な問題を抱える女性への支援が、関係機関及び民間の団体の協働により、早期から切れ目なく実施されるようにすること。

三　人権の擁護を図るとともに、男女平等の実現に資することを旨とすること。

（国及び地方公共団体の責務）

第4条　国及び地方公共団体は、前条の基本理念にのっとり、困難な問題を抱える女性への支援のために必要な施策を講ずる責務を有する。

（関連施策の活用）

第5条　国及び地方公共団体は、困難な問題を抱える女性への支援のための施策を講ずるに当たっては、必要に応じて福祉、保健医療、労働、住まい及び教育に関する施策その他の関連施策の活用が図られるよう努めなければならない。

（緊密な連携）

第6条　国及び地方公共団体は、困難な問題を抱える女性への支援のための施策を講ずるに当たっては、関係地方公共団体相互間の緊密な連携が図られるとともに、この法律に基づく支援を行う機関と福祉事務所（社会福祉法（昭和26年法律第45号）に規定する福祉に関する事務所をいう。）、児童相談所、児童福祉施設（児童福祉法（昭和22年法律第164号）第7条第1項に規定する児童福祉施設をいう。）、保健所、医療機関、職業紹介機関（労働施策の総合的な推進並びに労働者の雇用の安定及び職業生活の充実等に関する法律（昭和41年法律第132号）第2条に規定する職業紹介機関をいう。）、職業訓練機関、教育機関、都道府県警察、日本司法支援センター（総合法律支援法（平成16年法律第74号）第13条に規定する日本司法支援センターをいう。）、配偶者暴力相談支援センター（配偶者からの暴力の防止及び被害者の保護等に関する法律（平成13年法律第31号）第3条第1項に規定する配偶者暴力相談支援センターをいう。）その他の関係機関との緊密な連携が図られるよう配慮しなければならない。

第2章　基本方針及び都道府県基本計画等

（基本方針）

第7条　厚生労働大臣は、困難な問題を抱える女性への支援のための施策に関する基本的な方針（以下「基本方針」という。）を定めなければならない。

2 基本方針においては、次に掲げる事項につき、次条第1項の都道府県基本計画及び同条第3項の市町村基本計画の指針となるべきものを定めるものとする。

一 困難な問題を抱える女性への支援に関する基本的な事項

二 困難な問題を抱える女性への支援のための施策の内容に関する事項

三 その他困難な問題を抱える女性への支援のための施策の実施に関する重要事項

3 厚生労働大臣は、基本方針を定め、又はこれを変更しようとするときは、あらかじめ、関係行政機関の長に協議しなければならない。

4 厚生労働大臣は、基本方針を定め、又はこれを変更したときは、遅滞なく、これを公表しなければならない。

（都道府県基本計画等）

第8条 都道府県は、基本方針に即して、当該都道府県における困難な問題を抱える女性への支援のための施策の実施に関する基本的な計画（以下この条において「都道府県基本計画」という。）を定めなければならない。

2 都道府県基本計画においては、次に掲げる事項を定めるものとする。

一 困難な問題を抱える女性への支援に関する基本的な方針

二 困難な問題を抱える女性への支援のための施策の実施内容に関する事項

三 その他困難な問題を抱える女性への支援のための施策の実施に関する重要事項

3 市町村（特別区を含む。以下同じ。）は、基本方針に即し、かつ、都道府県基本計画を勘案して、当該市町村における困難な問題を抱える女性への支援のための施策の実施に関する基本的な計画（以下この条において「市町村基本計画」という。）を定めるよう努めなければならない。

4 都道府県又は市町村は、都道府県基本計画又は市町村基本計画を定め、又は変更したときは、遅滞なく、これを公表しなければならない。

5 厚生労働大臣は、都道府県又は市町村に対し、都道府県基本計画又は市町村基本計画の作成のために必要な助言その他の援助を行うよう努めなければならない。

第3章　女性相談支援センターによる支援等

（女性相談支援センター）

第9条　都道府県は、女性相談支援センターを設置しなければならない。

2　地方自治法（昭和22年法律第67号）第252条の19第1項の指定都市（以下「指定都市」という。）は、女性相談支援センターを設置することができる。

3　女性相談支援センターは、困難な問題を抱える女性への支援に関し、主として次に掲げる業務を行うものとする。

一　困難な問題を抱える女性に関する各般の問題について、困難な問題を抱える女性の立場に立って相談に応ずること又は第11条第1項に規定する女性相談支援員若しくは相談を行う機関を紹介すること。

二　困難な問題を抱える女性（困難な問題を抱える女性がその家族を同伴する場合にあっては、困難な問題を抱える女性及びその同伴する家族。次号から第5号まで及び第12条第1項において同じ。）の緊急時における安全の確保及び一時保護を行うこと。

三　困難な問題を抱える女性の心身の健康の回復を図るため、医学的又は心理学的な援助その他の必要な援助を行うこと。

四　困難な問題を抱える女性が自立して生活することを促進するため、就労の支援、住宅の確保、援護、児童の保育等に関する制度の利用等について、情報の提供、助言、関係機関との連絡調整その他の援助を行うこと。

五　困難な問題を抱える女性が居住して保護を受けることができる施設の利用について、情報の提供、助言、関係機関との連絡調整その他の援助を行うこと。

4　女性相談支援センターは、その業務を行うに当たっては、その支援の対象となる者の抱えている問題及びその背景、心身の状況等を適切に把握した上で、その者の意向を踏まえながら、最適な支援を行うものとする。

5　女性相談支援センターに、所長その他所要の職員を置く。

6　女性相談支援センターには、第3項第2号の一時保護を行う施設を設けなければならない。

7　第3項第2号の一時保護は、緊急に保護することが必要と認められる場合その他厚生労働省令で定める場合に、女性相談支援センターが、自ら行い、又は厚生労働大臣が定める基準を満たす者に委託して行うものとする。

8　前項の規定による委託を受けた者若しくはその役員若しくは職員又はこれらの者であった者は、正当な理由がなく、その委託を受けた業務に関して知り得た秘密を漏らしてはならない。

9　第3項第2号の一時保護に当たっては、その対象となる者が監護すべき児童を同伴する場合には、当該児童の状況に応じて、当該児童への学習に関する支援が行われるものとする。

10　女性相談支援センターは、その業務を行うに当たっては、必要に応じ、困難な問題を抱える女性への支援に関する活動を行う民間の団体との連携に努めるものとする。

11　前各項に定めるもののほか、女性相談支援センターに関し必要な事項は、政令で定める。

（女性相談支援センターの所長による報告等）

第10条　女性相談支援センターの所長は、困難な問題を抱える女性であって配偶者のないもの又はこれに準ずる事情にあるもの及びその者の監護すべき児童について、児童福祉法第6条の3第18項に規定する妊産婦等生活援助事業の実施又は同法第23条第2項に規定する母子保護の実施が適当であると認めたときは、これらの者を当該妊産婦等生活援助事業の実施又は当該母子保護の実施に係る都道府県又は市町村の長に報告し、又は通知しなければならない。

（女性相談支援員）

第11条　都道府県（女性相談支援センターを設置する指定都市を含む。第20条第1項（第4号から第6号までを除く。）並びに第22条第1項及び第2項第1号において同じ。）は、困難な問題を抱える女性について、その発見に努め、その立場に立って相談に応じ、及び専門的技術に基づいて必要な援助を行う職務に従事する職員（以下「女性相談支援員」という。）を置くものとする。

2　市町村（女性相談支援センターを設置する指定都市を除く。第20条第2項及び第22条第2項第2号において同じ。）は、女性相談支援員を置くよう努めるものとする。

3　女性相談支援員の任用に当たっては、その職務を行うのに必要な能力及び専門的な知識経験を有する人材の登用に特に配慮しなければならない。

（女性自立支援施設）

第12条　都道府県は、困難な問題を抱える女性を入所させて、その保護を行うとともに、その心身の健康の回復を図るための医学的又は心理学的な援助を行い、及びその自立の促進のためにその生活を支援し、あわせて退所した者について相談その他の援助を行うこと（以下「自立支援」という。）を目的とする施設（以下「女性自立支援施設」という。）を設置することができる。

2　都道府県は、女性自立支援施設における自立支援を、その対象となる者の意向を踏まえながら、自ら行い、又は市町村、社会福祉法人その他適当と認める者に委託して行うことができる。

3　女性自立支援施設における自立支援に当たっては、その対象となる者が監護すべき児童を同伴する場合には、当該児童の状況に応じて、当該児童への学習及び生活に関する支援が行われるものとする。

（民間の団体との協働による支援）

第13条　都道府県は、困難な問題を抱える女性への支援に関する活動を行う民間の団体と協働して、その自主性を尊重しつつ、困難な問題を抱える女性について、その意向に留意しながら、訪問、巡回、居場所の提供、インターネットの活用、関係機関への同行その他の厚生労働省令で定める方法により、その発見、相談その他の支援に関する業務を行うものとする。

2　市町村は、困難な問題を抱える女性への支援に関する活動を行う民間の団体と協働して、その自主性を尊重しつつ、困難な問題を抱える女性について、その意向に留意しながら、前項の業務を行うことができる。

（民生委員等の協力）

第14条　民生委員法（昭和23年法律第198号）に定める民生委員、児童福祉法に定める児童委員、人権擁護委員法（昭和24年法律第139号）に定める人権擁護委員、保護司法（昭和25年法律第204号）に定める保護司及び更生保護事業法（平成7年法律第86号）に定める更生保護事業を営む者は、この法律の施行に関し、女性相談支援センター及び女性相談支援員に協力するものとする。

（支援調整会議）

第15条　地方公共団体は、単独で又は共同して、困難な問題を抱える女性への支援を適切かつ円滑に行うため、関係機関、第9条第7項又は第12条第2項の規定による委託を受けた者、困難な問題を抱える女性への支援に関する活動を行う民間の団体及び困難な問題を抱える女性への支援に従事する者その他の関係者（以下この条において「関係機関等」という。）により構成される会議（以下この条において「支援調整会議」という。）を組織するよう努めるものとする。

2　支援調整会議は、困難な問題を抱える女性への支援を適切かつ円滑に行うために必要な情報の交換を行うとともに、困難な問題を抱える女性への支援の内容に関する協議を行うものとする。

3　支援調整会議は、前項に規定する情報の交換及び協議を行うため必要があると認めるときは、関係機関等に対し、資料又は情報の提供、意見の開陳その他必要な協力を求めることができる。

4　関係機関等は、前項の規定による求めがあった場合には、これに協力するよう努めるものとする。

5　次の各号に掲げる支援調整会議を構成する関係機関等の区分に従い、当該各号に定める者は、正当な理由がなく、支援調整会議の事務に関して知り得た秘密を漏らしてはならない。

一　国又は地方公共団体の機関　当該機関の職員又は職員であった者

二　法人　当該法人の役員若しくは職員又はこれらの者であった者

三　前2号に掲げる者以外の者　支援調整会議を構成する者又は当該者であった者

6　前各項に定めるもののほか、支援調整会議の組織及び運営に関し必要な事項は、支援調整会議が定める。

第4章　雑則

（教育及び啓発）

第16条　国及び地方公共団体は、この法律に基づく困難な問題を抱える女性への支援に関し国民の関心と理解を深めるための教育及び啓発に努めるものとする。

2　国及び地方公共団体は、自己がかけがえのない個人であることについての意識の涵《かん》養に資する教育及び啓発を含め、女性が困難な問題を抱えた場合にこの法律に基づく支援を適切に受けることができるようにするための教育及び啓発に努めるものとする。

（調査研究の推進）

第17条　国及び地方公共団体は、困難な問題を抱える女性への支援に資するため、効果的な支援の方法、その心身の健康の回復を図るための方法等に関する調査研究の推進に努めるものとする。

（人材の確保等）

第18条　国及び地方公共団体は、困難な問題を抱える女性への支援に従事する者の適切な処遇の確保のための措置、研修の実施その他の措置を講ずることにより、困難な問題を抱える女性への支援に係る人材の確保、養成及び資質の向上を図るよう努めるものとする。

（民間の団体に対する援助）

第19条　国及び地方公共団体は、困難な問題を抱える女性への支援に関する活動を行う民間の団体に対し、必要な援助を行うよう努めるものとする。

（都道府県及び市町村の支弁）

第20条　都道府県は、次に掲げる費用（女性相談支援センターを設置する指定都市にあっては、第1号から第3号までに掲げる費用に限る。）を支弁しなければならない。

一　女性相談支援センターに要する費用（次号に掲げる費用を除く。）

二　女性相談支援センターが行う第9条第3項第2号の一時保護（同条第7項に規定する厚生労働大臣が定める基準を満たす者に委託して行う場合を含む。）及びこれに伴い必要な事務に要する費用

三　都道府県が置く女性相談支援員に要する費用

四　都道府県が設置する女性自立支援施設の設備に要する費用

五　都道府県が行う自立支援（市町村、社会福祉法人その他適当と認める者に委託して行う場合を含む。）及びこれに伴い必要な事務に要する費用

六　第13条第1項の規定により都道府県が自ら行い、又は民間の団体に委託して行う困難な問題を抱える女性への支援に要する費用

2　市町村は、市町村が置く女性相談支援員に要する費用を支弁しなければならない。

3　市町村は、第13条第2項の規定により市町村が自ら行い、又は民間の団体に委託して行う困難な問題を抱える女性への支援に要する

費用を支弁しなければならない。

(都道府県等の補助)

第21条 都道府県は、社会福祉法人が設置する女性自立支援施設の設備に要する費用の4分の3以内を補助することができる。

2 都道府県又は市町村は、第13条第1項又は第2項の規定に基づく業務を行うに当たって、法令及び予算の範囲内において、困難な問題を抱える女性への支援に関する活動を行う民間の団体の当該活動に要する費用（前条第1項第6号の委託及び同条第3項の委託に係る委託費の対象となる費用を除く。）の全部又は一部を補助することができる。

(国の負担及び補助)

第22条 国は、政令で定めるところにより、都道府県が第20条第1項の規定により支弁した費用のうち、同項第1号及び第2号に掲げるものについては、その10分の5を負担するものとする。

2 国は、予算の範囲内において、次に掲げる費用の10分の5以内を補助することができる。

一 都道府県が第20条第1項の規定により支弁した費用のうち、同項第3号及び第5号に掲げるもの（女性相談支援センターを設置する指定都市にあっては、同項第3号に掲げるものに限る。）

二 市町村が第20条第2項の規定により支弁した費用

3 国は、予算の範囲内において、都道府県が第20条第1項の規定により支弁した費用のうち同項第6号に掲げるもの及び市町村が同条第3項の規定により支弁した費用並びに都道府県及び市町村が前条第2項の規定により補助した金額の全部又は一部を補助することができる。

第5章 罰則

第23条 第9条第8項又は第15条第5項の規定に違反して秘密を漏らした者は、1年以下の懲役又は50万円以下の罰金に処する。

附 則 抄

(施行期日)

第1条 この法律は、令和6年4月1日から施行する。ただし、次の各号に掲げる規定は、当該各号に定める日から施行する。

一 次条並びに附則第3条、第5条及び第38条の規定 公布の日

二 附則第34条の規定 この法律の公布の日又は児童福祉法等の一部を改正する法律（令和4

年法律第66号）の公布の日のいずれか遅い日

（児童福祉法等の一部を改正する法律の公布の日＝令和4年6月15日）

三　略

四　附則第36条の規定　この法律の公布の日又は刑法等の一部を改正する法律の施行に伴う関係法律の整理等に関する法律（令和4年法律第68号）の公布の日のいずれか遅い日

（刑法等の一部を改正する法律の施行に伴う関係法律の整理等に関する法律の公布の日＝令和4年6月17日）

（検討）

第2条　政府は、この法律の公布後3年を目途として、この法律に基づく支援を受ける者の権利を擁護する仕組みの構築及び当該支援の質を公正かつ適切に評価する仕組みの構築について検討を加え、その結果に基づいて所要の措置を講ずるものとする。

2　政府は、前項に定める事項のほか、この法律の施行後3年を目途として、この法律の施行の状況について検討を加え、必要があると認めるときは、その結果に基づいて所要の措置を講ずるものとする。

（準備行為）

第3条　厚生労働大臣は、この法律の施行の日（以下「施行日」という。）前においても、第7条第1項から第3項までの規定の例により、基本方針を定めることができる。この場合において、厚生労働大臣は、同条第4項の規定の例により、これを公表することができる。

2　前項の規定により定められ、公表された基本方針は、施行日において、第7条第1項から第3項までの規定により定められ、同条第4項の規定により公表された基本方針とみなす。

（婦人補導院法の廃止）

第10条　婦人補導院法は、廃止する。

（婦人補導院法の廃止に伴う経過措置）

第11条　旧婦人補導院法第12条の規定による手当金の支給及び旧婦人補導院法第19条の規定による遺留金品の措置については、なお従前の例による。この場合において、これらに関する事務は、法務省令で定める法務省の職員が行うものとする。

（政令への委任）

第38条　この附則に定めるものの

ほか、この法律の施行に関し必要な経過措置は、政令で定める。

附　則　（令和4年6月15日法律第66号）　抄

（施行期日）

第1条　この法律は、令和6年4月1日から施行する。ただし、次の各号に掲げる規定は、当該各号に定める日から施行する。

一　附則第7条、第8条及び第17条の規定　公布の日

（罰則に関する経過措置）

第16条　この法律の施行前にした行為に対する罰則の適用については、なお従前の例による。

（政令への委任）

第17条　附則第3条から前条までに規定するもののほか、この法律の施行に伴い必要な経過措置（罰則に関する経過措置を含む。）は、政令で定める。

4　売春防止法（抜粋）

（昭和31年5月24日法律第118号）
最近改正　令和5年5月17日法律第28号

第1章　総則

（目的）

第1条　この法律は、売春が人としての尊厳を害し、性道徳に反し、社会の善良の風俗をみだすものであることに鑑み、売春を助長する行為等を処罰することによつて、売春の防止を図ることを目的とする。

（定義）

第2条　この法律で「売春」とは、対償を受け、又は受ける約束で、不特定の相手方と性交することをいう。

（売春の禁止）

第3条　何人も、売春をし、又はその相手方となつてはならない。

（適用上の注意）

第4条　この法律の適用にあたつては、国民の権利を不当に侵害しないように留意しなければならない。

第2章　刑事処分

（勧誘等）

第5条　売春をする目的で、次の各号の一に該当する行為をした者は、6月以下の懲役又は1万円以下の罰金に処する。

一　公衆の目にふれるような方法で、人を売春の相手方となるように勧誘すること。

二　売春の相手方となるように勧誘するため、道路その他公共の場所で、人の身辺に立ちふさがり、又はつきまとうこと。

三　公衆の目にふれるような方法で客待ちをし、又は広告その他これに類似する方法により人を売春の相手方となるように誘引すること。

（周旋等）

第6条　売春の周旋をした者は、2年以下の懲役又は5万円以下の罰金に処する。

2　売春の周旋をする目的で、次の各号の一に該当する行為をした者の処罰も、前項と同様とする。

一　人を売春の相手方となるように勧誘すること。

二　売春の相手方となるように勧誘するため、道路その他公共の場所で、人の身辺に立ちふさがり、又はつきまとうこと。

三　広告その他これに類似する方法により人を売春の相手方となるように誘引すること。

（困惑等による売春）

第7条　人を欺き、若しくは困惑させてこれに売春をさせ、又は親族関係による影響力を利用して人に売春をさせた者は、3年以下の懲役又は10万円以下の罰金に処する。

2　人を脅迫し、又は人に暴行を加えてこれに売春をさせた者は、3年以下の懲役又は3年以下の懲役及び10万円以下の罰金に処する。

3　前2項の未遂罪は、罰する。

（対償の収受等）

第8条　前条第1項又は第2項の罪を犯した者が、その売春の対償の全部若しくは一部を収受し、又はこれを要求し、若しくは約束したときは、5年以下の懲役及び20万円以下の罰金に処する。

2　売春をした者に対し、親族関係による影響力を利用して、売春の対償の全部又は一部の提供を要求した者は、3年以下の懲役又は10万円以下の罰金に処する。

（前貸等）

第9条　売春をさせる目的で、前貸その他の方法により人に金品その他の財産上の利益を供与した者は、3年以下の懲役又は10万円以下の罰金に処する。

（売春をさせる契約）

第10条　人に売春をさせることを内容とする契約をした者は、3年以下の懲役又は10万円以下の罰金に処する。

2　前項の未遂罪は、罰する。

（場所の提供）

第11条　情を知つて、売春を行う場所を提供した者は、3年以下の懲役又は10万円以下の罰金に処する。

2　売春を行う場所を提供することを業とした者は、7年以下の懲役及び30万円以下の罰金に処する。

（売春をさせる業）

第12条　人を自己の占有し、若しくは管理する場所又は自己の指定する場所に居住させ、これに売春をさせることを業とした者は、10年以下の懲役及び30万円以下の罰金に処する。

（資金等の提供）

第13条　情を知つて、第11条第2項の業に要する資金、土地又は建物を提供した者は、5年以下の懲役及び20万円以下の罰金に処する。

2　情を知つて、前条の業に要する

資金、土地又は建物を提供した者は、7年以下の懲役及び30万円以下の罰金に処する。

（両罰）

第14条　法人の代表者又は法人若しくは人の代理人、使用人その他の従業者が、その法人又は人の業務に関し、第9条から前条までの罪を犯したときは、その行為者を罰するほか、その法人又は人に対しても、各本条の罰金刑を科する。

（併科）

第15条　第6条、第7条第1項、第8条第2項、第9条、第10条又は第11条第1項の罪を犯した者に対しては、懲役及び罰金を併科することができる。第7条第1項に係る同条第3項の罪を犯した者に対しても、同様とする。

（刑の執行猶予の特例）

第16条　第5条の罪を犯した者に対し、その罪のみについて懲役の言渡をするときは、刑法（明治40年法律第45号）第25条第2項ただし書の規定を適用しない。同法第54条第1項の規定により第5条の罪の刑によつて懲役の言渡をするときも、同様とする。

5 ストーカー行為等の規制等に関する法律（抜粋）

（平成12年5月24日法律第81号）
最近改正 令和5年6月16日法律第63号

（目的）
第1条 この法律は、ストーカー行為を処罰する等ストーカー行為等について必要な規制を行うとともに、その相手方に対する援助の措置等を定めることにより、個人の身体、自由及び名誉に対する危害の発生を防止し、あわせて国民の生活の安全と平穏に資することを目的とする。

（定義）
第2条 この法律において「つきまとい等」とは、特定の者に対する恋愛感情その他の好意の感情又はそれが満たされなかったことに対する怨恨の感情を充足する目的で、当該特定の者又はその配偶者、直系若しくは同居の親族その他当該特定の者と社会生活において密接な関係を有する者に対し、次の各号のいずれかに掲げる行為をすることをいう。

一 つきまとい、待ち伏せし、進路に立ちふさがり、住居、勤務先、学校その他その現に所在する場所若しくは通常所在する場所（以下「住居等」という。）の付近において見張りをし、住居等に押し掛け、又は住居等の付近をみだりにうろつくこと。

二 その行動を監視していると思わせるような事項を告げ、又はその知り得る状態に置くこと。

三 面会、交際その他の義務のないことを行うことを要求すること。

四 著しく粗野又は乱暴な言動をすること。

五 電話をかけて何も告げず、又は拒まれたにもかかわらず、連続して、電話をかけ、文書を送付し、ファクシミリ装置を用いて送信し、若しくは電子メールの送信等をすること。

六 汚物、動物の死体その他の著しく不快又は嫌悪の情を催させるような物を送付し、又はその知り得る状態に置くこと。

七 その名誉を害する事項を告げ、又はその知り得る状態に置くこと。

八 その性的羞恥心を害する事項

を告げ若しくはその知り得る状態に置き、その性的羞恥心を害する文書、図画、電磁的記録（電子的方式、磁気的方式その他人の知覚によっては認識することができない方式で作られる記録であって、電子計算機による情報処理の用に供されるものをいう。以下この号において同じ。）に係る記録媒体その他の物を送付し若しくはその知り得る状態に置き、又はその性的羞恥心を害する電磁的記録その他の記録を送信し若しくはその知り得る状態に置くこと。

2　前項第5号の「電子メールの送信等」とは、次の各号のいずれかに掲げる行為（電話をかけること及びファクシミリ装置を用いて送信することを除く。）をいう。

一　電子メールその他のその受信をする者を特定して情報を伝達するために用いられる電気通信（電気通信事業法（昭和59年法律第86号）第2条第1号に規定する電気通信をいう。次号において同じ。）の送信を行うこと。

二　前号に掲げるもののほか、特定の個人がその入力する情報を電気通信を利用して第三者に閲覧させることに付随して、その第三者が当該個人に対し情報を伝達することができる機能が提供されるものの当該機能を利用する行為をすること。

3　この法律において「位置情報無承諾取得等」とは、特定の者に対する恋愛感情その他の好意の感情又はそれが満たされなかったことに対する怨恨の感情を充足する目的で、当該特定の者又はその配偶者、直系若しくは同居の親族その他当該特定の者と社会生活において密接な関係を有する者に対し、次の各号のいずれかに掲げる行為をすることをいう。

一　その承諾を得ないで、その所持する位置情報記録・送信装置（当該装置の位置に係る位置情報（地理空間情報活用推進基本法（平成19年法律第63号）第2条第1項第1号に規定する位置情報をいう。以下この号において同じ。）を記録し、又は送信する機能を有する装置で政令で定めるものをいう。以下この号及び次号において同じ。）（同号に規定する行為がされた位置情報記録・送信装置を含む。）により記録され、又は送信される当該位置情報記録・送信装置の位置に係る位置情報を政令で定める方法により取得すること。

二　その承諾を得ないで、その所持する物に位置情報記録・送信装置を取り付けること、位置情報記録・送信装置を取り付けた物を交付することその他その移動に伴い位置情報記録・送信装置を移動し得る状態にする行為として政令で定める行為をすること。

4　この法律において「ストーカー行為」とは、同一の者に対し、つきまとい等（第1項第1号から第4号まで及び第5号（電子メールの送信等に係る部分に限る。）に掲げる行為については、身体の安全、住居等の平穏若しくは名誉が害され、又は行動の自由が著しく害される不安を覚えさせるような方法により行われる場合に限る。）又は位置情報無承諾取得等を反復してすることをいう。

（つきまとい等又は位置情報無承諾取得等をして不安を覚えさせることの禁止）

第3条　何人も、つきまとい等又は位置情報無承諾取得等をして、その相手方に身体の安全、住居等の平穏若しくは名誉が害され、又は行動の自由が著しく害される不安を覚えさせてはならない。

（警告）

第4条　警視総監若しくは道府県警察本部長又は警察署長（以下「警察本部長等」という。）は、つきまとい等又は位置情報無承諾取得等をされたとして当該つきまとい等又は位置情報無承諾取得等に係る警告を求める旨の申出を受けた場合において、当該申出に係る前条の規定に違反する行為があり、かつ、当該行為をした者が更に反復して当該行為をするおそれがあると認めるときは、当該行為をした者に対し、国家公安委員会規則で定めるところにより、更に反復して当該行為をしてはならない旨を警告することができる。

2　一の警察本部長等が前項の規定による警告（以下「警告」という。）をした場合には、他の警察本部長等は、当該警告を受けた者に対し、当該警告に係る前条の規定に違反する行為について警告をすることができない。

3　警察本部長等は、警告をしたときは、速やかに、当該警告の内容及び日時を第1項の申出をした者に通知しなければならない。

4　警察本部長等は、警告をしなかったときは、速やかに、その旨及びその理由を第1項の申出をした者に書面により通知しなければならない。

5　前各項に定めるもののほか、第1項の申出の受理及び警告の実施に関し必要な事項は、国家公安委員会規則で定める。

（禁止命令等）

第5条　都道府県公安委員会（以下「公安委員会」という。）は、第3条の規定に違反する行為があった場合において、当該行為をした者が更に反復して当該行為をするおそれがあると認めるときは、その相手方の申出により、又は職権で、当該行為をした者に対し、国家公安委員会規則で定めるところにより、次に掲げる事項を命ずることができる。

一　更に反復して当該行為をしてはならないこと。

二　更に反復して当該行為が行われることを防止するために必要な事項

2　公安委員会は、前項の規定による命令（以下「禁止命令等」という。）をしようとするときは、行政手続法（平成5年法律第88号）第13条第1項の規定による意見陳述のための手続の区分にかかわらず、聴聞を行わなければならない。

3　公安委員会は、第1項に規定する場合において、第3条の規定に違反する行為の相手方の身体の安全、住居等の平穏若しくは名誉が害され、又は行動の自由が著しく害されることを防止するために緊急の必要があると認めるときは、前項及び行政手続法第13条第1項の規定にかかわらず、聴聞又は弁明の機会の付与を行わないで、当該相手方の申出により（当該相手方の身体の安全が害されることを防止するために緊急の必要があると認めるときは、その申出により、又は職権で）、禁止命令等をすることができる。この場合において、当該禁止命令等をした公安委員会は、意見の聴取を、当該禁止命令等をした日から起算して15日以内（当該禁止命令等をした日から起算して15日以内に次項において準用する同法第15条第3項の規定により意見の聴取の通知を行った場合にあっては、当該通知が到達したものとみなされる日から14日以内）に行わなければならない。

4　行政手続法第3章第2節（第28条を除く。）の規定は、公安委員会が前項後段の規定による意見の聴取を行う場合について準用する。この場合において、同法第

15条第1項中「聴聞を行うべき期日までに相当な期間をおいて」とあるのは「速やかに」と、同法第26条中「不利益処分の決定をするときは」とあるのは「ストーカー行為等の規制等に関する法律（平成12年法律第81号）第5条第3項後段の規定による意見の聴取を行ったときは」と、「参酌してこれをしなければ」とあるのは「考慮しなければ」と読み替えるほか、必要な技術的読替えは、政令で定める。

5　一の公安委員会が禁止命令等をした場合には、他の公安委員会は、当該禁止命令等を受けた者に対し、当該禁止命令等に係る第3条の規定に違反する行為について禁止命令等をすることができない。

6　公安委員会は、第1項又は第3項の申出を受けた場合において、禁止命令等をしたときは、速やかに、当該禁止命令等の内容及び日時を当該申出をした者に通知しなければならない。

7　公安委員会は、第1項又は第3項の申出を受けた場合において、禁止命令等をしなかったときは、速やかに、その旨及びその理由を当該申出をした者に書面により通知しなければならない。

8　禁止命令等の効力は、禁止命令等をした日から起算して1年とする。

（警察本部長等の援助等）

第7条　警察本部長等は、ストーカー行為等の相手方から当該ストーカー行為等に係る被害を自ら防止するための援助を受けたい旨の申出があり、その申出を相当と認めるときは、当該相手方に対し、当該ストーカー行為等に係る被害を自ら防止するための措置の教示その他国家公安委員会規則で定める必要な援助を行うものとする。

2　警察本部長等は、前項の援助を行うに当たっては、関係行政機関又は関係のある公私の団体と緊密な連携を図るよう努めなければならない。

3　警察本部長等は、第1項に定めるもののほか、ストーカー行為等に係る被害を防止するための措置を講ずるよう努めなければならない。

4　第1項及び第2項に定めるもののほか、第1項の申出の受理及び援助の実施に関し必要な事項は、国家公安委員会規則で定める。

（国、地方公共団体、関係事業者等の支援）

第9条　国及び地方公共団体は、ストーカー行為等の相手方に対する女性相談支援センターその他適切な施設による支援、民間の施設における滞在についての支援及び公的賃貸住宅への入居についての配慮に努めなければならない。

2　ストーカー行為等に係る役務の提供を行った関係事業者は、当該ストーカー行為等の相手方からの求めに応じて、当該ストーカー行為等が行われることを防止するための措置を講ずること等に努めるものとする。

3　ストーカー行為等が行われている場合には、当該ストーカー行為等が行われている地域の住民は、当該ストーカー行為等の相手方に対する援助に努めるものとする。

（罰則）

第18条　ストーカー行為をした者は、1年以下の懲役又は100万円以下の罰金に処する。

第19条　禁止命令等（第5条第1項第1号に係るものに限る。以下同じ。）に違反してストーカー行為をした者は、2年以下の懲役又は200万円以下の罰金に処する。

2　前項に規定するもののほか、禁止命令等に違反してつきまとい等又は位置情報無承諾取得等をすることにより、ストーカー行為をした者も、同項と同様とする。

第20条　前条に規定するもののほか、禁止命令等に違反した者は、6月以下の懲役又は50万円以下の罰金に処する。

6　民法（抜粋）

（明治29年4月27日法律第89号）
最近改正　令和5年6月14日法律第53号

（婚姻適齢）

第731条　婚姻は、18歳にならなければ、することができない。

（婚姻の届出）

第739条　婚姻は、戸籍法（昭和22年法律第224号）の定めるところにより届け出ることによって、その効力を生ずる。

2　前項の届出は、当事者双方及び成年の証人2人以上が署名した書面で、又はこれらの者から口頭で、しなければならない。

（夫婦の氏）

第750条　夫婦は、婚姻の際に定めるところに従い、夫又は妻の氏を称する。

（婚姻費用の分担）

第760条　夫婦は、その資産、収入その他一切の事情を考慮して、婚姻から生ずる費用を分担する。

（夫婦間における財産の帰属）

第762条　夫婦の一方が婚姻前から有する財産及び婚姻中自己の名で得た財産は、その特有財産（夫婦の一方が単独で有する財産をいう。）とする。

2　夫婦のいずれに属するか明らかでない財産は、その共有に属するものと推定する。

第4節　離婚

第1款　協議上の離婚

（協議上の離婚）

第763条　夫婦は、その協議で、離婚をすることができる。

（離婚後の子の監護に関する事項の定め等）

第766条　父母が協議上の離婚をするときは、子の監護をすべき者、父又は母と子との面会及びその他の交流、子の監護に要する費用の分担その他の子の監護について必要な事項は、その協議で定める。この場合においては、子の利益を最も優先して考慮しなければならない。

2　前項の協議が調わないとき、又は協議をすることができないときは、家庭裁判所が、同項の事項を定める。

3　家庭裁判所は、必要があると認めるときは、前2項の規定による定めを変更し、その他子の監護について相当な処分を命ずることができる。

4　前3項の規定によっては、監護の範囲外では、父母の権利義務に変更を生じない。

（離婚による復氏等）

第767条　婚姻によって氏を改めた夫又は妻は、協議上の離婚によって婚姻前の氏に復する。

2　前項の規定により婚姻前の氏に復した夫又は妻は、離婚の日から3箇月以内に戸籍法の定めるところにより届け出ることによって、離婚の際に称していた氏を称することができる。

（財産分与）

第768条　協議上の離婚をした者の一方は、相手方に対して財産の分与を請求することができる。

2　前項の規定による財産の分与について、当事者間に協議が調わないとき、又は協議をすることができないときは、当事者は、家庭裁判所に対して協議に代わる処分を請求することができる。ただし、離婚の時から2年を経過したときは、この限りでない。

3　前項の場合には、家庭裁判所は、当事者双方がその協力によって得た財産の額その他一切の事情を考慮して、分与をさせるべきかどうか並びに分与の額及び方法を定める。

（裁判上の離婚）

第770条　夫婦の一方は、次に掲げる場合に限り、離婚の訴えを提起することができる。

一　配偶者に不貞な行為があったとき。

二　配偶者から悪意で遺棄されたとき。

三　配偶者の生死が3年以上明らかでないとき。

四　配偶者が強度の精神病にかかり、回復の見込みがないとき。

五　その他婚姻を継続し難い重大な事由があるとき。

2　裁判所は、前項第1号から第4号までに掲げる事由がある場合であっても、一切の事情を考慮して婚姻の継続を相当と認めるときは、離婚の請求を棄却することができる。

（親権者）

第818条　成年に達しない子は、父母の親権に服する。

2　子が養子であるときは、養親の親権に服する。

3　親権は、父母の婚姻中は、父母が共同して行う。ただし、父母の一方が親権を行うことができないときは、他の一方が行う。

（離婚又は認知の場合の親権者）

第819条　父母が協議上の離婚をするときは、その協議で、その一方を親権者と定めなければならない。

2　裁判上の離婚の場合には、裁判所は、父母の一方を親権者と定める。

3　子の出生前に父母が離婚した場合には、親権は、母が行う。ただし、子の出生後に、父母の協議で、父を親権者と定めることができる。

4　父が認知した子に対する親権は、父母の協議で父を親権者と定めたときに限り、父が行う。

5　第1項、第3項又は前項の協議が調わないとき、又は協議をすることができないときは、家庭裁判所は、父又は母の請求によって、協議に代わる審判をすることができる。

6　子の利益のため必要があると認めるときは、家庭裁判所は、子の親族の請求によって、親権者を他の一方に変更することができる。

第2節　親権の効力

（監護及び教育の権利義務）

第820条　親権を行う者は、子の利益のために子の監護及び教育をする権利を有し、義務を負う。

7　児童福祉法（抜粋）

（昭和22年12月12日法律第164号）
最近改正　令和5年6月16日法律第63号

第1章　総則

第1条　全て児童は、児童の権利に関する条約の精神にのつとり、適切に養育されること、その生活を保障されること、愛され、保護されること、その心身の健やかな成長及び発達並びにその自立が図られることその他の福祉を等しく保障される権利を有する。

第2条　全て国民は、児童が良好な環境において生まれ、かつ、社会のあらゆる分野において、児童の年齢及び発達の程度に応じて、その意見が尊重され、その最善の利益が優先して考慮され、心身ともに健やかに育成されるよう努めなければならない。

②　児童の保護者は、児童を心身ともに健やかに育成することについて第一義的責任を負う。

③　国及び地方公共団体は、児童の保護者とともに、児童を心身ともに健やかに育成する責任を負う。

第3条　前2条に規定するところは、児童の福祉を保障するための原理であり、この原理は、すべて児童に関する法令の施行にあたつて、常に尊重されなければならない。

第1節　国及び地方公共団体の責務

第3条の2　国及び地方公共団体は、児童が家庭において心身ともに健やかに養育されるよう、児童の保護者を支援しなければならない。ただし、児童及びその保護者の心身の状況、これらの者の置かれている環境その他の状況を勘案し、児童を家庭において養育することが困難であり又は適当でない場合にあつては児童が家庭における養育環境と同様の養育環境において継続的に養育されるよう、児童を家庭及び当該養育環境において養育することが適当でない場合にあつては児童ができる限り良好な家庭的環境において養育されるよう、必要な措置を講じなければならない。

第3条の3　市町村（特別区を含む。以下同じ。）は、児童が心身ともに健やかに育成されるよう、基礎的な地方公共団体として、第

10条第1項各号に掲げる業務の実施、障害児通所給付費の支給、第24条第1項の規定による保育の実施その他この法律に基づく児童の身近な場所における児童の福祉に関する支援に係る業務を適切に行わなければならない。

② 都道府県は、市町村の行うこの法律に基づく児童の福祉に関する業務が適正かつ円滑に行われるよう、市町村に対する必要な助言及び適切な援助を行うとともに、児童が心身ともに健やかに育成されるよう、専門的な知識及び技術並びに各市町村の区域を超えた広域的な対応が必要な業務として、第11条第1項各号に掲げる業務の実施、小児慢性特定疾病医療費の支給、障害児入所給付費の支給、第27条第1項第3号の規定による委託又は入所の措置その他この法律に基づく児童の福祉に関する業務を適切に行わなければならない。

③ 国は、市町村及び都道府県の行うこの法律に基づく児童の福祉に関する業務が適正かつ円滑に行われるよう、児童が適切に養育される体制の確保に関する施策、市町村及び都道府県に対する助言及び情報の提供その他の必要な各般の措置を講じなければならない。

第2節　定義

第4条　この法律で、児童とは、満18歳に満たない者をいい、児童を左のように分ける。

一　乳児　満1歳に満たない者

二　幼児　満1歳から、小学校就学の始期に達するまでの者

三　少年　小学校就学の始期から、満18歳に達するまでの者

② この法律で、障害児とは、身体に障害のある児童、知的障害のある児童、精神に障害のある児童（発達障害者支援法（平成16年法律第167号）第2条第2項に規定する発達障害児を含む。）又は治療方法が確立していない疾病その他の特殊の疾病であつて障害者の日常生活及び社会生活を総合的に支援するための法律（平成17年法律第123号）第4条第1項の政令で定めるものによる障害の程度が同項の主務大臣が定める程度である児童をいう。

第5条　この法律で、妊産婦とは、妊娠中又は出産後1年以内の女子をいう。

第6条　この法律で、保護者とは、親権を行う者、未成年後見人その他の者で、児童を現に監護する者をいう。

8　児童虐待の防止等に関する法律（抜粋）

（平成12年5月24日法律第82号）
最近改正　令和4年12月16日法律第102号

（目的）

第1条　この法律は、児童虐待が児童の人権を著しく侵害し、その心身の成長及び人格の形成に重大な影響を与えるとともに、我が国における将来の世代の育成にも懸念を及ぼすことにかんがみ、児童に対する虐待の禁止、児童虐待の予防及び早期発見その他の児童虐待の防止に関する国及び地方公共団体の責務、児童虐待を受けた児童の保護及び自立の支援のための措置等を定めることにより、児童虐待の防止等に関する施策を促進し、もって児童の権利利益の擁護に資することを目的とする。

（児童虐待の定義）

第2条　この法律において、「児童虐待」とは、保護者（親権を行う者、未成年後見人その他の者で、児童を現に監護するものをいう。以下同じ。）がその監護する児童（18歳に満たない者をいう。以下同じ。）について行う次に掲げる行為をいう。

一　児童の身体に外傷が生じ、又は生じるおそれのある暴行を加えること。

二　児童にわいせつな行為をすること又は児童をしてわいせつな行為をさせること。

三　児童の心身の正常な発達を妨げるような著しい減食又は長時間の放置、保護者以外の同居人による前2号又は次号に掲げる行為と同様の行為の放置その他の保護者としての監護を著しく怠ること。

四　児童に対する著しい暴言又は著しく拒絶的な対応、児童が同居する家庭における配偶者に対する暴力（配偶者（婚姻の届出をしていないが、事実上婚姻関係と同様の事情にある者を含む。）の身体に対する不法な攻撃であって生命又は身体に危害を及ぼすもの及びこれに準ずる心身に有害な影響を及ぼす言動をいう。）その他の児童に著しい心理的外傷を与える言動を行うこと。

（児童に対する虐待の禁止）

第3条　何人も、児童に対し、虐待

をしてはならない。

（国及び地方公共団体の責務等）

第４条　国及び地方公共団体は、児童虐待の予防及び早期発見、迅速かつ適切な児童虐待を受けた児童の保護及び自立の支援（児童虐待を受けた後18歳となった者に対する自立の支援を含む。第3項及び次条第2項において同じ。）並びに児童虐待を行った保護者に対する親子の再統合の促進への配慮その他の児童虐待を受けた児童が家庭（家庭における養育環境と同様の養育環境及び良好な家庭的環境を含む。）で生活するために必要な配慮をした適切な指導及び支援を行うため、関係省庁相互間又は関係地方公共団体相互間、市町村、児童相談所、福祉事務所、配偶者からの暴力の防止及び被害者の保護等に関する法律（平成13年法律第31号）第3条第1項に規定する配偶者暴力相談支援センター（次条第1項において単に「配偶者暴力相談支援センター」という。）、学校及び医療機関の間その他関係機関及び民間団体の間の連携の強化、民間団体の支援、医療の提供体制の整備その他児童虐待の防止等のために必要な体制の整備に努めなければならない。

2　国及び地方公共団体は、児童相談所等関係機関の職員及び学校の教職員、児童福祉施設の職員、医師、歯科医師、保健師、助産師、看護師、弁護士その他児童の福祉に職務上関係のある者が児童虐待を早期に発見し、その他児童虐待の防止に寄与することができるよう、研修等必要な措置を講ずるものとする。

3　国及び地方公共団体は、児童虐待を受けた児童の保護及び自立の支援を専門的知識に基づき適切に行うことができるよう、児童相談所等関係機関の職員、学校の教職員、児童福祉施設の職員その他児童虐待を受けた児童の保護及び自立の支援の職務に携わる者の人材の確保及び資質の向上を図るため、研修等必要な措置を講ずるものとする。

4　国及び地方公共団体は、児童虐待の防止に資するため、児童の人権、児童虐待が児童に及ぼす影響、児童虐待に係る通告義務等について必要な広報その他の啓発活動に努めなければならない。

5　国及び地方公共団体は、児童虐待を受けた児童がその心身に著しく重大な被害を受けた事例の分析を行うとともに、児童虐待の予防及び早期発見のための方策、児童虐待を受けた児童のケア並びに児童虐待を行った保護者の指導及び支援のあり方、学校の教職員及び児童福祉施設の職員が児童虐待の防止に果たすべき役割その他児童虐待の防止等のために必要な事項についての調査研究及び検証を行うものとする。

6　児童相談所の所長は、児童虐待を受けた児童が住所又は居所を当該児童相談所の管轄区域外に移転する場合においては、当該児童の家庭環境その他の環境の変化による影響に鑑み、当該児童及び当該児童虐待を行った保護者について、その移転の前後において指導、助言その他の必要な支援が切れ目なく行われるよう、移転先の住所又は居所を管轄する児童相談所の所長に対し、速やかに必要な情報の提供を行うものとする。この場合において、当該情報の提供を受けた児童相談所長は、児童福祉法（昭和22年法律第164号）第25条の2第1項に規定する要保護児童対策地域協議会が速やかに当該情報の交換を行うことができるための措置その他の緊密な連携を図るために必要な措置を講ずるものとする。

7　児童の親権を行う者は、児童を心身ともに健やかに育成することについて第一義的責任を有するものであって、親権を行うに当たっては、できる限り児童の利益を尊重するよう努めなければならない。

8　何人も、児童の健全な成長のために、家庭（家庭における養育環境と同様の養育環境及び良好な家庭的環境を含む。）及び近隣社会の連帯が求められていることに留意しなければならない。

（児童虐待の早期発見等）

第5条　学校、児童福祉施設、病院、都道府県警察、女性相談支援センター、教育委員会、配偶者暴力相談支援センターその他児童の福祉に業務上関係のある団体及び学校の教職員、児童福祉施設の職員、医師、歯科医師、保健師、助産師、看護師、弁護士、警察官、女性相談支援員その他児童の福祉に職務上関係のある者は、児童虐待を発見しやすい立場にあることを自覚し、児童虐待の早期発見に努めなければならない。

2　前項に規定する者は、児童虐待の予防その他の児童虐待の防止並びに児童虐待を受けた児童の保護及び自立の支援に関する国及び地方公共団体の施策に協力するよう努めなければならない。

3　第1項に規定する者は、正当な理由がなく、その職務に関して知り得た児童虐待を受けたと思われる児童に関する秘密を漏らしてはならない。

4　前項の規定その他の守秘義務に関する法律の規定は、第2項の規定による国及び地方公共団体の施策に協力するように努める義務の遵守を妨げるものと解釈してはならない。

5　学校及び児童福祉施設は、児童及び保護者に対して、児童虐待の防止のための教育又は啓発に努めなければならない。

（児童虐待に係る通告）

第6条　児童虐待を受けたと思われる児童を発見した者は、速やかに、これを市町村、都道府県の設置する福祉事務所若しくは児童相談所又は児童委員を介して市町村、都道府県の設置する福祉事務所若しくは児童相談所に通告しなければならない。

2　前項の規定による通告は、児童福祉法第25条第1項の規定による通告とみなして、同法の規定を適用する。

3　刑法（明治40年法律第45号）の秘密漏示罪の規定その他の守秘義務に関する法律の規定は、第1項の規定による通告をする義務の遵守を妨げるものと解釈してはならない。

9　日本国憲法（抜粋）

第11条　国民は、すべての基本的人権の享有を妨げられない。この憲法が国民に保障する基本的人権は、侵すことのできない永久の権利として、現在及び将来の国民に与へられる。

第13条　すべて国民は、個人として尊重される。生命、自由及び幸福追求に対する国民の権利については、公共の福祉に反しない限り、立法その他の国政の上で、最大の尊重を必要とする。

第14条　すべて国民は、法の下に平等であつて、人種、信条、性別、社会的身分又は門地により、政治的、経済的又は社会的関係において、差別されない。

②　華族その他の貴族の制度は、これを認めない。

③　栄誉、勲章その他の栄典の授与は、いかなる特権も伴はない。栄典の授与は、現にこれを有し、又は将来これを受ける者の一代に限り、その効力を有する。

第24条　婚姻は、両性の合意のみに基いて成立し、夫婦が同等の権利を有することを基本として、相互の協力により、維持されなければならない。

②　配偶者の選択、財産権、相続、住居の選定、離婚並びに婚姻及び家族に関するその他の事項に関しては、法律は、個人の尊厳と両性の本質的平等に立脚して、制定されなければならない。

〈編著者略歴〉

木川幸子・岸信子・真野由美子・田村初恵

メンバーは、4人とも、東京都職員として30年以上にわたり、様々な職場を経験してきました。4人は、時期は異なりますが、東京都女性相談センター所長を勤めたことがあり、それが本研究会結成の動機となっています。4人のうち3人は事務職、1人は心理職として現場経験を積みました。

Q&A　DV被害者サポートブック

令和5年12月18日　第1刷発行

編　著　配偶者暴力（DV）問題研究会

発　行　株式会社ぎょうせい

〒136-8575　東京都江東区新木場1-18-11
URL：https://gyosei.jp

フリーコール　0120-953-431
ぎょうせい　お問い合わせ　検索　https://gyosei.jp/inquiry/

〈検印省略〉

印刷　ぎょうせいデジタル株式会社

ISBN978-4-324-11359-2
(5108917-00-000)
〔略号：DVサポート〕